Henry mit den Superkräften

…. oder – warum in jedem Kind ein Held steckt …

Ein Buch für ganz tolle Kinder, die wissen, dass mehr in ihnen schlummert, sowie für Eltern, die richtig starke Kinder haben.

Petra Neumann

Für meinen „Henry",

meine „Johanna"

und deren „Paps", meine Superhelden...

Henry mit den Superkräften

Autorin: Petra Neumann

Illustrationen: Marion Haigis

Veröffentlicht durch: AMH Natürlich Leben Verlag

6. Auflage, 2019

ISBN: 978-3-9816571-1-1

Vorwort

Liebe Eltern, liebe Interessierte!

Sie halten hier mein erstes Buch in den Händen, und darüber freue ich mich sehr. Gerne möchte ich mich Ihnen vorstellen, und Ihnen meine Motive, dieses Buch zu schreiben näher bringen.

Ich bin eine von Ihnen! Ich bin eine Mutter zweier Kinder, welche – genauso wie auch Ihre – völlig ohne Gebrauchsanweisung geliefert wurden. Nicht mal die Erfahrungswerte mit meinem Erstgeborenen – nennen wir ihn Henry – konnte ich änderungslos auf mein Nesthäkchen – nennen wir sie Johanna – übertragen, da sie, trotz gleicher „Genmischung" ein komplett anderes Seelchen in sich trägt.

Zu meiner Eigenschaft als Mutter gesellen sich in meiner Person eine ganzheitliche Weltanschauung, großer Ehrgeiz meine Kinder in ihren Persönlichkeiten zu fördern und auf ein reiches, glückliches Leben vorzubereiten und die Tatsache, dass ich selbst eine sogenannte HSP bin.

HSP (**H**och**S**ensible **P**ersönlichkeiten – **H**ighly **S**ensitive **P**ersons) sind Menschen, die aufgrund unterschiedlichster Ursachen gewissermaßen „filterlos" Gefühle und auch schon gefühlsähnliche Schwingungen, Launen, Atmosphären aufnehmen. Es sind die Menschen, die oft für „dünnhäutig", „hyperempfindlich" oder manchmal sogar „zickig" oder für „Weicheier" gehalten werden, da sie aufgrund der auf sie einströmenden emotionalen Eindrücke schneller an den Punkt von emotionaler Erschöpfung gelangen. Bei Kindern kann sich dieses Phänomen dahingehend äußern, dass sie Schulängste entwickeln, Einzelgänger werden oder im schlimmsten Fall als AD(H)Sler oder gar (Asperger) Autisten fehldiagnostiziert und/oder womöglich medikamentös behandelt werden.

Auf gar keinen Fall möchte und kann ich die Existenz von AD(H)S, Autismus uvm. in Abrede stellen, nichts läge mir ferner. Und noch viel fürchterlicher wäre es, wenn ich mit der Aufklärung über HSP auch noch einen weiteren „Stempel" zur Verfügung stelle, den man Kindern auf die Stirn drücken kann. Denn Kinder brauchen keine Stempel – sie brauchen Liebe und – und das halte ich für fast ebenso wichtig, wie die Liebe – sie brauchen Verständnis. Dieses für HS-Kinder aufzubringen ist selbst für die eigenen, liebenden Eltern nicht immer leicht, ganz besonders dann nicht, wenn sie nicht selbst diese Eigenschaft besitzen.

Bevor ich nun hier jedoch sämtliche Aspekte der HSP in Erwachsenensprache schildere, möchte ich mit meinem eigentlichen Anliegen beginnen. Ich wollte ein Buch schreiben für HS Kinder und/oder deren Eltern. Mein größter Wunsch ist, dass diese Kinder erkennen, dass sie nicht „anders" sind, dass es viele von ihnen gibt. Im Moment wird sogar davon ausgegangen, dass 20 % der Menschen Henrys Superkraft haben. Und dass es sich bei Ihrer besonderen Eigenschaft nicht nur um einen Fluch, sondern, wenn man damit richtig umzugehen lernt um einen Segen handelt. Eben um eine Superkraft, wie die von Henry…..

Außerdem hoffe ich, dass Henry ein wenig ein Botschafter, ein Dolmetscher sein kann für Elternteile oder andere Bezugspersonen, die manchmal das Gefühl haben, dass sie ihr eigenes Kind nicht verstehen.

Herzlichst
Petra Neumann

Inhaltsverzeichnis

Kapitel 1: **Hallo! Ich bin Henry**

Kapitel 2: **Mein Schulweg**

Kapitel 3: **Der Geburtstagswunsch**

Kapitel 4: **Meine Freundin Dana**

Kapitel 5: **Hobbysuche für Anfänger**

Kapitel 6: **Ein Wochenende bei Oma und Opa**

Kapitel 7: **Wir fliegen in den Urlaub**

Kapitel 8: **Henry wird Rutsch-Champion**

Kapitel 9: **Das Gedankenkarussell**

Kapitel 10: **Henry verabschiedet sich in ein neues Schuljahr**

Kapitel 1 – Hallo! Ich bin Henry!

Hallo! Ich bin Henry!

Ich möchte mich dir gerne vorstellen und dir aus meinem Leben erzählen. Ich bin fast acht Jahre alt, der große Bruder von Johanna, die 5 Jahre alt ist und ich wohne in einem ländlichen Vorort in Deutschland.

Hast du einen Bruder? Oder vielleicht eine Schwester? Wenn du auch Geschwister hast, dann verstehst du bestimmt, wenn ich gar nicht recht erklären kann, wie gut wir uns verstehen.

Manchmal, wenn Leute meine Mama fragen: „Und, verstehen sich die beiden?" dann antwortet sie schmunzelnd: „Sie können nicht mit und nicht ohne einander!". Über diesen Satz musste ich erst ein Weilchen nachdenken, doch dann wurde mir klar, dass er eigentlich genau erklärt, wie es ist.

Wir zoffen uns öfters, die Johanna und ich. Meistens dann, wenn wir uns nicht einigen können, wer von uns beiden der Chef ist. In solchen Momenten finde ich es unheimlich gemein, dass sie denkt, sie könnte bestimmen, nur weil sie die Kleinere ist.

Doch dann gibt es wieder diese Momente, in denen mir klar wird, dass ich richtig glücklich bin, Johanna zu haben. Denn obwohl sie noch so klein ist fühle ich mich sicherer, wenn sie bei mir ist. Abends, wenn wir im Bett liegen, dann kann ich mit ihr reden, wenn wir gemeinsam unterwegs sind und  unter fremde Leute kommen, dann bin ich froh und stolz, Johanna bei mir zu haben. Mit Johanna zusammen traue ich mich viel mehr. Wir sind ein starkes Team.

Noch gehe ich in die zweite Klasse, doch bald sind Sommerferien und dann ist auch dieses Schuljahr geschafft.

Meine besten Freunde heißen Pit und Dana. Pit ist in der 2a, Dana bei mir in der 2b!

Ich bin sehr glücklich, diese zwei Freunde zu haben, denn mir fällt es nicht so leicht wie anderen, Freundschaften zu schließen. Johanna hat es da schon leichter. Ich beneide sie oft darum, dass sich mit ihr immer jemand verabreden möchte und sie auf jedem Spielplatz gleich neue Freunde findet. Ihr macht es auch nichts aus, wenn es laut und wild zugeht, mir macht das schnell Angst und ich möchte mir die Ohren zuhalten.

In den sieben langen Jahren, die ich schon auf der Welt bin, gab es fürchterlich oft Zeiten, in denen ich unglücklich war und weinen musste. Denn ich hatte das Gefühl, dass ich anders bin als die anderen.

Oft stellte ich mir die Fragen:

Warum mögen mich nicht so viele Kinder, wie z. B. den Pit?

Warum macht es den anderen Jungs nichts aus, dass es beim Fußballtraining so laut ist und der Trainer rumschreit?

Warum trauen sich die anderen so viel mehr?

Warum werde ich traurig, wenn ich merke, dass jemand anderes traurig ist?

Warum möchte ich im Erdboden versinken, wenn die Lehrerin mit mir schimpft?

Warum merke ich, dass so viele Menschen, und selbst mein eigener Papa mich manchmal nicht verstehen?

Warum kann ich abends nicht einfach einschlafen, wie Johanna, sondern muss an so viele Dinge denken, dass mir ganz komisch wird, und ich weinen muss?

Bestimmt gibt es noch über tausend weitere Fragen, die ich mir immer stellte, bis zu einem ganz besonderen Tag – der Tag an dem ich die Wahrheit erkannte! Dass es auf alle die über tausend Fragen nur eine einzige Antwort gibt, die alles erklärt: Ich verrate sie euch:

Weil ich nicht nur Henry bin: Ich bin Henry mit den Superkräften!!!

Ja, ich weiß genau, was du jetzt denkst! Du denkst, ich kann Autos hochheben, Laserstrahlen aus meinen Augen schießen lassen, fliegen, übers Wasser laufen oder wie Harry Potter tolle Sachen zaubern.

Aber das wäre ja Quatsch, denn das würde nicht stimmen, kann es ja auch gar nicht. Eine Superkraft ist einfach die Kraft, etwas, dass jeder kann zu können, nur einfach viel stärker.

Eine Superkraft wäre es dann zum Beispiel supergut zu hören. Hören können ja die meisten Menschen, einer mit

Superhörkraft würde aber dann sogar die Käfer krabbeln oder die Regenwürmer pupsen zu hören.

Aber, neee, ich habe keine Superhörkraft, …. Das würde ja auch meine ganzen Fragen nicht erklären.

Eine andere Superkraft wäre zum Beispiel auch superschnell rennen zu können. Die meisten Menschen können rennen, doch einer mit Superrennkraft wäre so schnell wie ein Auto. Der Konstantin aus meiner Klasse ist nah dran, Superrennkraft zu haben. Er sollte mal gegen ein Auto antreten, vielleicht würde er es sogar schaffen!

Aber, neee, ich hab auch keine Superrennkraft, …. Wenn ich weiter trainiere vielleicht irgendwann, denn cool wäre es ja schon!

Tja, was könnte ich noch als Beispiel nehmen, um dir genau zu erklären, was eine Superkraft ist…..

Ja, genau, das Sehen! Jeder, der nicht blind ist, kann sehen. Das ist also „normal". Jemand mit Supersehkraft würde aber auch aus großer Entfernung erkennen, ob die Ameise am Apfelbaum zu lange Zehennägel hat oder nicht. Du fragst, ob Ameisen Zehennägel haben? Na, da musst du schon jemanden fragen, der die Supersehkraft hat. Und das bin nicht ich.

Ich glaube, du hast jetzt verstanden, was wahre Superkräfte sind. Dann möchte ich dir jetzt auch verraten, welche Superkraft ich an mir entdeckt habe:

Ich habe die SuperFÜHLkraft!!!!!

Und seit ich weiß, dass ich diese Superkraft habe, setze ich sie dafür ein, herauszufinden, wer noch Superkräfte hat. Und das Beste an dieser Mission: „Wir", die Superhelden, sind ganz schön viele!!!!

Ich weiß ja nicht, wie dir es geht, doch mir gefallen die Wörter „Superfühler" und „Superfühlkraftler" nicht. Sie sind irgendwie verkorkst. Deshalb nehme ich nun bis auf weiteres einen Geheimcode dafür: HSP

Das steht für: **H**abe **S**uper **P**ower.

Vielleicht sollte ich dazu noch erklären, dass „Power" ein englisches Wort ist und im deutschen „Kraft" heißt. Jetzt, wo du Bescheid weißt, noch mal in verschlüsselter Agentensprache: Ich bin Henry und ich bin HSP!!!

Kapitel 2 – Mein Schulweg

Meine Mama sagt immer, dass es wirklich toll für uns ist, auf dem Land zu leben. Mit „auf dem Land" meint sie einfach „nicht in der Stadt". Ich habe sie schon so vielen Leuten erzählen hören, dass wir Kinder uns glücklich schätzen können, weil hier jeder jeden kennt, die Entfernungen nicht zu groß sind und man mit genau den Kindern, die man aus dem Kindergarten kennt auch in die Schule kommt.

Meine Klasse ist nicht groß und ich kenne tatsächlich fast alle Kinder schon seit dem Kindergarten. Die Grundschule ist direkt neben dem Kindergarten und alle beiden Gebäude sind gar nicht weit weg von meinem Zuhause.

Also ist es eigentlich wirklich überhaupt gar kein Problem, alleine zu Fuß zur Schule zu gehen. Aber nur „eigentlich". Die meisten Kinder aus meiner Klasse tun das auch, als wäre es die normalste Sache der Welt. Ich nicht.

Es liegt nicht daran, dass ich zu faul oder zu unsportlich bin. Bis vor kurzem dachte ich sogar selbst noch, dass ich wohl ein Angsthase sein muss, weil alle sich trauen, nur ich nicht. Doch heute weiß ich genau, dass es nur an meiner Superkraft lag.

Während die anderen auf ihrem Weg durch die steile Gasse, am alten Schloss vorbei daran denken, wie es so in der Schule heute war, wie viele Hausis sie haben oder was es wohl gleich zum Mittagessen gibt, sehe ich selbst viel mehr.

Wenn ich den Schulhof verlasse bin ich urplötzlich nicht mehr von all den Grundschülern umgeben. Denn die meisten wohnen auf der anderen Seite, im Neubaugebiet.

Was vorher laut war, all das Gequatsche, Gelächter, Gekichere ist schlagartig ruhig. Ich schaue die Gasse hinauf. Es ist eine Einbahnstraße. Schattenspendende Bäume und Büsche säumen den Weg.

Den ersten Teil schaffe ich. Ich laufe einfach so schnell ich kann. Rennen möchte ich nicht, das wäre ja megapeinlich! Aber ich laufe und laufe, bis ich meinen eigenen Atem ganz laut hören kann.

Ich bin mir ganz sicher, dass die Büsche am Wegesrand plötzlich viel wilder im Wind schaukeln. Weit und breit ist kein Mensch mehr, kein Schüler, kein Lehrer, niemand. Ich balle die Hände zu Fäusten und merke, wie mir meine Fingernägel in die Haut drücken.

Ich nähere mich dem Nebengebäude des alten Schlosses. Nun wird es ganz schwierig, nicht loszurennen. Obwohl es Mittag ist und die Sonne scheint kann ich kaum hinschauen. Zum Fenster. Zum zerbrochenen Fenster. Ich sehe es genau, wie es gewesen sein muss. Ganz sicher haben sie da früher die bösen Schurken eingesperrt, in genau diesem Haus. Und weil es damals noch keine Baumärkte gab, konnten sie keine Gitter davor setzen.

Richtig gruselig muss er ausgesehen haben, der Verbrecher, der in diesen Räumen eingesperrt war. Eine knollige Nase hatte er, rotgeränderte Augen und einen Stoppelbart. Sicher hat er nicht normal geredet. Er hatte eine tiefe gurgelnde Stimme und hat entsetzlich gebrüllt, als er da so in dem engen, stinkenden Zimmer eingeschlossen war.

Als dann aber die Wachen in der Nacht eingeschlafen waren, hat der Bösewicht mit seiner blanken Faust gegen das Fenster geboxt. Die Scherben zerschnitten ihm die

Haut und er blutete. Sehe ich da nicht sogar noch einige Flecken auf den Pflastersteinen auf dem Boden? Ja, genauso muss es gewesen sein. Nachdem er sich durch das enge Fenster gedrückt hat, ist er geflohen. Die Gasse hinab, bis zu der Stelle, an der die Büsche am dichtesten stehen.

Tüüüüt, tüüüüt!!!! Ein Hupen reißt mich aus meinen Gedanken. Ich merke, dass ich fürchterlich geschwitzt habe! Das gruselige Fenster habe ich bereits hinter mir gelassen und so gedankenversunken wie ich war, wäre ich doch fast vom Gehweg abgekommen. Das Hupen kommt von Tatjana, der Mama von Pit und Hannes, den Zwillingen aus meiner Parallelklasse.

Komisch, dass sie die beiden abgeholt hat – normalerweise laufen die Brüder doch immer von der Schule nach Hause. Auch sie müssen durch die Gasse, jedoch zu einer anderen Uhrzeit als ich. Klar, die 2 a hat ja auch einen anderen Stundenplan.

Am nächsten Tag komme ich beinahe zu spät zur Schule. Zum Glück nur beinahe, denn es wäre ja furchtbar, wenn meine Lehrerin, Frau Schumacher, mit mir schimpfen würde. Alle würden mich anschauen! Die ganze Klasse. Zum Glück komm ich noch rechtzeitig zum Schulgong.

Heute früh konnte ich es einfach nicht über mich bringen am zerbrochenen Fenster vorbei zu huschen. Also ging ich heimlich den gefährlicheren Weg an der Hauptstraße entlang, den Papa mir verboten hat, weil da die Autos und Lastwägen so um die Kurven brausen.

In der großen Pause sehe ich Pit am Rande des Schulhofes stehen. Eigentlich verhält er sich ganz normal, doch irgendwie „weiß" ich, dass er anders ist als sonst. Also frage ich ihn, wie es ihm geht. Tapfer sagt er „Gut!", doch ich glaube ihm nicht.

Da fällt mir auf, dass sein Bruder Hannes gar nicht hier ist. Pit erklärt mir, dass Hannes zuhause bleiben durfte, weil er Bauchweh hat. Dabei zittert sein Kinn, wie ich es von meiner kleinen Schwester Johanna kenne, wenn sie kurz davor ist zu weinen.

Ich lass ihn lieber schnell alleine, denn ich glaube, das ist ihm jetzt peinlich.

In der letzten Schulstunde haben wir Mathe. Mathe ist nicht mein Ding, irgendwie macht es mir keinen Spaß. Ich brauch kurz Abwechslung und daher passt es mir prima, dass ich aufs Klo muss. Ich entschuldige mich bei

Frau Schumacher und düse die Treppen hinab zur Bubentoilette.

Kaum betrete ich die miefigen Kloräume, höre ich es: Da schnieft doch jemand. Oder ist das ein Wasserrohr? Nein, jetzt bin ich mir ganz sicher, das war ein Schluchzen. Und weder Wasserrohre noch Kloschüsseln können schluchzen.

Hmmh, ist das nun gruselig? Es tauchen sofort wieder erschreckende Bilder in meinem Kopf auf und ich überlege: Wieviele Jahre ist es her, dass man Verbrecher ins Schloss gesperrt hat? Könnte da einer davon heute noch leben? Versteckt er sich auf dem Schulklo? Quatsch!! Das kann gar nicht sein. Langsam kann ich wieder normal atmen, der Kloß im Hals wird kleiner. Ich nehme meinen ganzen Mut zusammen und frage: „Hallo? Wer ist da?"

„Geh weg!" höre ich Pit aus der hintersten Klokabine rufen, auf der außen die vielen Sammelbilder kleben, die nicht mal mehr Frau Scheidt, die Putzfrau weg bekommt.

„Pit?" frage ich „Bist du das? Was ist los? Hast du dich eingeschlossen? Brauchst du Hilfe?"

„Nein!" ruft er zornig „Und wehe, du erzählst jemandem, dass du mich hier entdeckt hast!!! Geh wieder in deine Klasse und lass mich in Ruhe!"

Hmmh, das kann ich unmöglich machen. Das wäre ja eine Katastrophe. Denn dies hier ist das einzige Klo der ganzen Schule. Und ich muss so unendlich arg pinkeln. Wenn ich jetzt unverrichteter Dinge wieder in die Klasse gehe, dann kann ich an nix anderes mehr denken als an meine volle Blase und wie peinlich das wäre, wenn ich in die Hose machen würde.

„Pit, es tut mir leid, aber ich kann nicht einfach gehen. Ich muss aufs Klo!"

Während ich tue wofür ich hergekommen bin, fällt's mir ein: „Pit? Wieso bist du überhaupt noch hier? Du hattest doch schon vor ner halben Stunde Schluss? Wieso bist du noch nicht zuhause?" Es dauert eine ganze Weile, bis er antwortet.

„Verrätst du es auch keinem?" fragt er, plötzlich ganz kleinlaut.

„Nee, mach ich nicht, auf keinen Fall!" versichere ich ihm.

„Weil ich Angst hab! Es ist jetzt das erste Mal, dass ich ohne Hannes nach Hause laufen soll, und ich schaff das nicht!"

„Wovor hast DU denn Angst?" frage ich erstaunt, denn Pit ist ja eigentlich einer der mutigsten von den ganzen Zweitklässlern. Der traut sich sogar in Sport immer den

Torwart zu machen, obwohl man dabei ständig von ganz harten Bällen getroffen wird.

„Weißt du," stottert Pit, „Hannes und ich müssen immer durch die Steile Gasse am Schloss oben vorbei. Und wir sind da immer ganz allein. Wir finden das richtig gruselig dort, mit den ganzen Büschen und dem zerbrochenen Fenster. Und damit das keiner merkt, denn das wäre ja toooootal peinlich, machen wir immer ein Wettrennen, die ganze lange Gasse hinauf. Denn das ist ja nicht peinlich und wenn wir superschnell rennen, schaffe ich es, nicht an all die gruseligen Dinge zu denken und die Angst ist kurz weg. Und das ist nun das Problem! Wie soll ich ohne Hannes ein Wettrennen machen? Langsam die Gasse hochzulaufen, nein, das schaffe ich nicht. Ich hab's gerade probiert. Hab fast nen Herzstillstand bekommen, als plötzlich die dicke Helga, Hubers Katze, aus dem Gebüsch kam! So, jetzt weißt du's! Und wehe, du erzählst das jemandem!"

Nun bin ich aber bafff!! Pit, der Torwart, der, mit dem sich Mittags immer alle treffen wollen, der auf jeden Geburtstag eingeladen wird, der sich sogar mal getraut hat in Reli, als Frau Richter sich umgedreht hat Pupsgeräusche zu machen, dieser Pit hat Angst, die steile Gasse raufzulaufen?

„Aber Pit, deine Mama wartet doch bestimmt schon lange auf dich?!" sorge ich mich.

„Nee," sagt er „die ist mit Hannes beim Arzt. Sie hat gesagt, ich soll nach der Schule heimgehen und ein paar Cornflakes essen, bis sie kommt."

Pits Stimme klingt wieder normal. Er kommt aus der Klokabine und schaut mich unsicher an. Ich merke, dass sich nun etwas verändert hat. Als ich Pit sage, dass Mathe ja gleich aus ist, und ich dann gerne mit ihm zusammen die steile Gasse hinauf rennen kann, kommt es mir kurz so vor, als ob er losjubeln möchte. Aber nur ganz kurz. Dann sagt er mit coolem Blick und lässiger Stimme: „Na gut!"

Als die Schule aus ist, tun wir das tatsächlich. Man sieht Pit nicht mehr an, dass er geweint hat und er redet auch wieder ganz normal. Doch ich spüre, dass uns etwas verbindet. Dass ich etwas an ihm erkannt habe, was ich vorher nicht gewusst hatte.

Auch Pit denkt auf dem Nachhauseweg nicht an die Hausis, das Mittagessen oder, was er mittags unternehmen kann. Genauso wie auch ich, sieht er wackelnde Büsche, gruselige Fenster und spürt diesen Kloß im Hals.

Auch Pit fühlt da, wo andere nur einen schattigen Weg bemerken ganz viel drumrum.

Er ist einer wie ich. HSP.

Nun, wo ich weiß, dass nicht nur ich so sehe und denke, erzähle ich zuhause meiner Mama davon, dass mir die Steile Gasse Angst macht. Sie nimmt mich in den Arm und verspricht mir, mich nun immer schon am oberen Ende der Gasse zu erwarten. Dann kann ich sie sehen, sobald ich vom Schulhof komme. Das ist gut! Denn nun ist das Fenster wieder nur eine gewöhnliche, zerbrochene Scheibe. Aber sicherheitshalber geb` ich trotzdem ordentlich Gas, wenn ich dran vorbeikomme.

Kapitel 3 - Der Geburtstagswunsch

Ein Jahr hat 365 Tage. Ganz ehrlich? Das finde ich furchtbar. Furchtbar lange! Denn es bedeutet für mich, dass ich 364 Mal schlafen muss, bis wieder mein Geburtstag ist.

Ich liebe es, Geburtstag zu haben. Seit ich denken kann, liege ich am Abend zuvor mit Kribbeln im Bauch im Bett und kann es ausnahmsweise kaum abwarten, endlich einzuschlafen.

Es kommt oft vor, dass ich mit Kribbeln im Bauch im Bett liege und nicht einschlafen kann. Besonders schwierig ist es sonntags, wenn ich weiß, dass am nächsten Morgen wieder Schule ist. Dann gehen mir so viele Dinge durch den Kopf! Wir sollen doch dann immer erzählen, was wir am Wochenende erlebt haben. Und ich habe furchtbar Bammel, dass ich etwas davon vergessen könnte. Apropos vergessen: Gibt es noch irgendwas, an das ich für diese Schulwoche denken sollte? Auweia, ich bin mir nicht mehr sicher. Und wie wird es wohl morgen in der großen Pause laufen? Wird mich Jonas wieder ärgern? Wird sich Pit mit mir verabreden wollen? Und so dreht es sich dann, das Gedankenkarussell, und egal welchen Einschlaftrick ich anwenden möchte, ich liege wach und habe Kribbeln im Bauch.

Normalerweise nehme ich dann all meinen Mut zusammen, laufe vor zur Treppe und rufe nach Mama und Papa, die unten im Wohnzimmer sitzen und fernsehen. Meistens sind die dann stinkig, denn das mögen sie gar nicht. Feierabend ist Feierabend, da kennen sie nix. Da wollen sie dann ihre Ruhe.

Manchmal ist es besser, wenn Mama mich zuerst hört, manchmal erwische ich es mit Papa besser. Das ist ganz unterschiedlich, je nachdem wie müde die beiden sind.

Gerade erst habe ich einen Trick rausgefunden. Wenn ich sie nämlich nicht rufe, sondern einfach etwas lauter zum Klo rüberstampfe, dann kommt sowieso einer von beiden, weil sie es rumpeln hören. Schimpfen können sie dann nicht, denn pinkeln gehen ist ja nicht verboten.

Am Abend vor meinem Geburtstag aber, da will ich gar nicht vorlaufen, damit jemand hochkommt. Denn da weiß ich ganz genau, was Papa und Mama unten machen. Dann schauen sie nämlich kein Fernsehen, wie sonst. Da schleichen sie hin und her zwischen Küche und Wohnzimmer und dekorieren die Schrankgriffe mit Luftschlangen und Luftballons. Je nachdem unter welchem Thema mein Geburtstag steht, gibt es auch Fähnchen, mit z. B. Piraten, bei meiner Schwester mit Prinzessinnen usw.

Wenn ich jetzt also vorlaufe, dann schaffen sie das alles vielleicht gar nicht rechtzeitig! Denn, und jetzt kommt das aller- allerwichtigste: Sie dekorieren nicht nur, sie packen auch meine Geschenke ein und stapeln sie auf dem Küchentisch.

Hach, wenn ich nur dran denke, dann kribbelt's schon wieder! Ich darf an meinem Ehrentag sogar noch vor dem Frühstück alle Geschenke auspacken.

Johanna wird auch eine Kleinigkeit bekommen. Das ist in unserer Familie so. Wenn eines von uns Kindern Geburtstag hat, bekommt auch der andere ein Geschenkchen. Das haben Papa und Mama so eingeführt, als wir noch kleiner waren, damit keiner traurig ist. Und sie machen das heute noch so, das finde ich richtig cool.

An Johannas 5. Geburtstag hab ich sogar einen batteriebetriebenen Stimmenverzerrer bekommen.

Mensch, hab ich mich gefreut. Denn das ist ja eigentlich schon fast was Großes. Natürlich hab ich das aber nicht gesagt. Nee, nee!! Sonst wird's nächstes Jahr wirklich etwas Kleineres!

Nur eines nervt. Und es ist jedes Jahr das gleiche. Alle 365 Tage wieder. Dann hüpft Mama, strubbelig und im

Schlafanzug, hektisch um mich herum und schießt ein Foto nach dem anderen. Ich hasse das! Ich möchte nicht fotografiert werden, schon gar nicht, wenn ich gerade erst aufgestanden bin und nur noch an den Küchentisch und die Geschenke und Luftballons denken kann. Sie behauptet immer, die Fotos wären nur für uns, doch ich habe den Verdacht, dass sie sie heimlich auch den Omas und Opas zeigt. Wie peinlich!

Aber das ist eigentlich das Einzige, das nicht super ist an diesem einen, diesem wichtigen und überhaupt bedeutendsten Tag im Mai jedes Jahr.

Also liege ich am Abend zuvor unruhig im Bett und überlege, wie es morgen, an meinem 8. Geburtstag wohl alles sein wird. Werde ich alle Dinge bekommen, die ich mir gewünscht habe? Werden alle Gäste kommen? Welche Spiele haben sich Papa und Mama ausgedacht?

Dieses Jahr habe ich mir als Thema „Zauberei" gewünscht. Ich bin ein riesiger Fan von Zauberern. Mein allergrößter Wunsch ist es, selbst zaubern zu können. Mensch, wäre das toll!

Ich würde mir alles herzaubern was ich mir wünsche, alles wegzaubern, was ich nicht leiden kann. Ganz klar, die Schule würde verschwinden! Mein Zimmer hätte eine Rutsche bis nach unten ins Wohnzimmer. Jonas würde mich nicht mehr ärgern, den würde ich in eine andere Stadt zaubern. Was meine kleine Schwester betrifft, so bin ich mir da nicht ganz sicher. So sehr sie mich nervt, manchmal kann ich sie doch gut gebrauchen. Zum Beispiel nachts. Denn sie hat zwar ein eigenes Zimmer, doch nachts schlafen wir beide in einem. Wir wollten das so, damit wir nicht alleine sind, aber zugeben würde ich das nie.

Oh ja – mein größter Wunsch wäre es, selbst ein Zauberer zu sein! So ein richtiger, mit Hut, Zauberstab und Zauberkraft, die niemals endet.

Keine Ahnung, wie das möglich ist, doch ganz plötzlich falle ich doch in einen tiefen Schlaf, gerade während ich mir vorstelle, wie mich alle für meine Zauberkraft bewundern. Im Traum ist auch Johanna. Sie ist eine Zauberkatze, die immer auf meiner Schulter sitzt. Wir sind ein tolles Team und erleben ein mega-spannendes Abenteuer, in dem wir gemeinsam einen mächtigen Bösewicht besiegen und dann gemeinsam auf einem Zauberbesen in Richtung Sternenhimmel fliegen, während unten am Boden alle Kinder aus meiner Schule stehen und laut jubeln und applaudieren.

Auch Papa und Mama stehen dabei und rufen mir etwas zu. Ich kann es nicht richtig verstehen und spitze die Oh-

ren. „Happy birthday to you, happy birthday to you! Happy birthday, lieber Henry, happy birthday to you!!!"
Plötzlich zuckt ein greller Blitz, ganz nah vor meiner Nase vorbei, falle ich jetzt vom Besen? Da wird mir klar: Ich bin wach!

Der Blitz hat mit dem Nachthimmel nichts zu tun, das ist Mama mit dem Fotoapparat. Sie und Paps stehen singend und fotografierend an meinem Bett. Ich habe die längste Nacht des Jahres hinter mich gebracht! Es ist soweit: Ich habe Geburtstag!!!

Aber, dass die beiden jetzt wirklich singen und fotografieren müssen. Peeeeinlich. Okay, ich geb's ja zu: Irgendwie ist es auch wieder schön. Ich habe tausend Schmetterlinge im Bauch, so aufgeregt bin ich.

Jetzt geht es erstmal weiter wie jedes Jahr. Johanna, Papa und Mama gehen runter und ich muss an der Treppe warten, bis sie mich rufen. Sie zünden jetzt die Kerzen an und erklären Johanna, welches Geschenk von ihr für mich ist. Die denken doch tatsächlich, ich würde noch immer nicht wissen, dass es in Wirklichkeit von ihnen gekauft wurde und nicht von meiner kleinen Schwester.

Endlich rufen sie mich. Und schon wieder singen sie und Mamas Fotoapparat blitzt eifrig vor sich hin. Egal jetzt, schnell vorbei an den knuddelnden und knutschenden Eltern, denn hinter ihnen sehe ich schon den Küchentisch. Der Küchentisch selbst ist mir ziemlich egal, noch viel spannender finde ich die bunten Päckchen darauf, hinter der Geburtstagskerze.

Herrlich! Natürlich nicht alles vom Wunschzettel, doch das wichtigste davon haben sie für mich besorgt! Sogar dieses tolle Legoauto, das auch Pit hat und für das mein Taschengeld nie reichte. Ich kann mein Glück kaum fassen!! Am liebsten würde ich das Frühstück ausfallen lassen und sofort mit dem Aufbau beginnen. Auch Johanna strahlt, sie hat rosarote Fahrradhandschuhe für ihr neues Rad bekommen.

Ein klein wenig komme ich tatsächlich noch zum Aufbau, Papa hilft mir dabei. Doch, da heute Ferien sind, und wir somit mehr Zeit am Tag haben, startet meine Kindergeburtstagsparty schon gleich nach dem Mittagessen und Mama hüpft aufgeregt mit dem Staubsauger durchs Haus. Als ob uns Kinder interessieren würde, wie ordentlich es hier ist! Typisch Mütter!

Da dies heute ein Zauberer-Geburtstag ist, bekommen all meine Gäste neue Nachnamen zugeteilt. Und darum begrüße ich schon bald meine Freunde Dana Zaubermaus, Pit Zaubermüller, Tim von und zu Zauberhausen und Lukas Zaubernovsky. Selbst Johanna wird umgetauft in Johanna Zauberhaar.

Papa und Mama haben auch so richtig magisch dekoriert. Die Wände sind geschmückt mit Wimpeln, die das Wappen einer berühmten Zauberschule tragen. Der Kuchen wird von einem Zauberhut geziert und als Tischdeko dienen von mir, Johanna und Mama aus Schaschlikspießen gebastelte Flug-Besen.

Die Spiele machen einen riesigen Spaß! Sogar einen Zauberstab basteln wir gemeinsam, wir suchen den „bösen Zauberer" unter uns, der vorher per Losverfahren bestimmt wurde und das ist so spannend, dass wir uns das Quietschen nicht verkneifen können. Glücklich beobachte ich meine Freunde und sehe, dass es ihnen gefällt, hier bei mir auf meiner Party. Ach, hätte ich doch nur jeden Tag Geburtstag und so viel Besuch! Ich genieße diesen Schmetterlinge-im-Bauch-Tag in vollen Zügen und ganz plötzlich fällt mir etwas auf: Mein größter Geburtstagswunsch ist in Erfüllung gegangen! Es ist ein richtig echter, magischer Zauber geschehen: Ich habe mein ganz eigenes, erstes funktionierendes Zauberrezept entdeckt, das sogar ohne Zauberstab funktioniert.

Du möchtest, dass ich es dir verrate? Nun gut, dann tu ich das ausnahmsweise:

Man nehme eine Portion zauberhaft gute Laune, rühre diese unter eine große Prise zauberhaft toller Freunde, würze das Ganze mit einem Mund voll zauberhaft süßer Naschereien, es können auch Schokomuffins sein, und es kommt etwas gaaaanz Magisches dabei raus: ein verzauberter, glücklicher Tag!!!!!

Ganz klar: Heute hatten wir alle eine Superkraft! Mit unserer geballten Zauberkraft ist aus einem ganz gewöhnlichen, nicht mal sehr sonnigen Maitag durch das entdeckte Zauberrezept ein zauberhaft glücklicher 8. Geburtstag geworden.

Kapitel 4 - Meine Freundin Dana

Ich möchte dir heute von meiner Freundin Dana erzählen. Sie ist meine beste Freundin. Doch ehrlich gesagt ist das nicht schwer, denn sie ist meine einzige „Mädchen-Freundin". Wir sitzen in der Schule sogar nebeneinander. Für ein Mädchen ist sie echt in Ordnung. Verrate es bitte niemandem: Ich mag sie gern. Doch wir waren nicht immer Freunde.

Im Kindergarten waren wir auch schon zusammen in der gleichen Gruppe. Aber nicht all zu lang, denn Dana ist ein Jahr älter als ich und deshalb wechselte sie ein Jahr vor mir schon in die Vorschulgruppe.

Ich mochte sie nicht besonders, damals. Um ehrlich zu sein: Ich hatte sogar Angst vor ihr. Dana ist eine richtige Quasselstrippe. Und sie spricht ganz stark Dialekt. Beides war mir damals nicht geheuer, als ich noch nicht wusste, dass ich sie mag. Als ich drei Jahre alt war und frisch im Kindergarten, war Mama mit mir und Johanna im Supermarkt einkaufen. Plötzlich entdeckte ich Dana. Oder besser gesagt, Dana entdeckte mich. Sie war auch mit ihrer Mama dort und schrie aus Leibeskräften: „Heeeeeeeey, Heeeeeeeeeeeeeeenry!!!!!!!!" Sie meinte das bestimmt nicht böse, doch mir fuhr der Schrecken in alle Glieder.

Noch heute zieht mich meine Mama damit auf, wenn sie beschreibt, wie ich panisch davon rannte und mich hinter den Plastikflaschen mit Mineralwasser versteckte und sie mich mit vollem Körpereinsatz wieder hervorziehen musste.

Weißt du, wenn mir etwas zu laut und zu wild ist, oder einfach nur zu unbekannt, dann ist mein erster Gedanke: „Das mag ich nicht!" Obwohl es eigentlich mit ‚mögen' nichts zu tun hat. Der Gedanke sollte eigentlich lauten: „Das macht mir Angst!" Aber ich kann ja nix dafür, was ich denke. Viele andere Jungs, die ich kenne, die finden Dinge, die sie nicht kennen spannend und wollen sie ausprobieren. Das ist bei mir nicht so.

Ich glaube, das hat mit meinen Superkräften zu tun.

Dadurch, dass ich ganz besonders viel fühlen und spüren kann, muss ich alle diese Gefühle ja auch erstmal einsortieren, denn sonst artet das ja in Chaos aus.

Dafür habe ich mir „Gefühls-Schubladen" in meinem Bauch eingerichtet. Es sind mehrere: Eine heißt „Gefahr", eine heißt „Abenteuer", eine heißt „Spaß" und eine heißt „Mut". Umständlich ist nur, dass die meisten Gefühle, die auf mich einströmen erstmal die „Das-mag-ich-nicht-Falle" überqueren müssen.

Vielleicht wird das leichter, wenn ich größer bin. Meistens wandern die Gefühle im Laufe der Zeit von einer Schublade in die nächste. Was zuerst „Gefahr" war, und sich dann aber als harmlos herausstellt, kann dann in die „Abenteuer-Schublade" kommen, zu all den anderen Dingen, die mir zwar Kribbeln im Bauch verursachen, doch irgendwie auch so spannend sind, dass ich mich heranwage. Sobald ich dieses Abenteuer dann durchlebt habe, gibt es noch zwei mögliche End-Schubladen:

War die Sache spaßig und wiederholenswert, kommt sie in – na, rate mal – genau: in die „Spaß-Schublade". Andernfalls verschwindet sie auf Nimmerwiedersehen in die „Mut-Schublade", denn ich war mutig genug, die Herausforderung anzunehmen, doch ein zweites Mal muss es nicht sein.

Als wir dort nun einkaufen waren, und Dana auf mich zugerannt kam, war da zuerst das „Das-mag-ich-nicht-Gefühl".

Nachdem Mama mich hinter den Flaschen vorgeholt hat und sich lachend mit Danas Mutter unterhielt, begann ich abzuchecken, in welche Schublade dieses Gefühl nun geschoben werden soll. Während also das wilde Mädchen auf mich einquasselte, studierte ich ihre Gesichtsausdrücke.

Und ich sah, dass sie mich anlächelte. Wenn auch etwas verständnislos, doch das kann man ihr nicht verübeln, wo sie doch zum ersten Mal erleben musste, dass jemand vor ihr floh, wie wenn der Teufel hinter ihm her wäre. Durch ihr Lächeln wurde mir klar, dass ich die „Gefahr"-Schublade schon mal schließen konnte. Nach kurzem Zögern sortierte ich Dana zunächst in die Rubrik „Abenteuer".

Dadurch, dass wir nicht all zu lange in der gleichen Gruppe im Kindergarten waren, blieb mein Dana Gefühl erstmal da, ich hatte ja genug anderes zu tun.

Erst, als ich in die erste Klasse kam, begegnete ich ihr wieder. Du musst wissen, wenn man vom Kindergarten in die Schule kommt, dann ist das erst mal suuuper aufregend.

Alles ist anders: Man bekommt eine Lehrerin, man bekommt neue Regeln, man muss viel lernen, man muss sich viel merken, es gibt unheimlich viele neue Kinder auf dem Schulhof – und allesamt sind sie älter, und und und. Das ist wirklich viel Neues! Und wenn man dann auch noch meine Superkraft hat, und so viel sortieren muss, da bleibt das ein oder andere falsch Einsortierte auf der Strecke. Ich sehe nicht nur eine Horde tobender Kinder in der großen Pause, nein, meine Superkräfte lassen mich jeden Einzelnen dort sehen, die drei streitenden Jungs in der Ecke, das zickende Mädchen im Kreise seiner Freundinnen, die böse dreinschauende Aufsichtslehrerin. Und zu jedem dieser Leute fühle ich auch ein Gefühl: Streitende Jungs: Gefahr-Schublade, zickende Mädchen: Mag-ich-nicht-Falle, böse schauende Lehrerin: ganz klar – Gefahr-Schublade.

Puh, eine harte Zeit, so kurz nach der Einschulung.

Ich war immer ganz froh, wenn ich dann im Klassenzimmer im Kreise meiner Klassenkameraden saß, wo es einfach ein wenig ruhiger zuging.

Zu Beginn saß ich neben Tim. Doch der lenkte mich durch sein Gequassele immer ab, sodass uns die Lehrerin trennte. Der Platz neben mir wurde nun durch Dana eingenommen. Das war erst mal ganz komisch. Neben einem Mädchen sollte ich sitzen! Und dann auch noch neben einem Mädchen, vor dem ich mich einst versteckt hatte.

Doch es dauerte nicht allzu lange, dann gewöhnte ich mich an sie. Ich merkte, dass sie überhaupt nicht gefährlich oder abenteuerlich war. Dass man das nur wegen ihrer lauten Stimme dachte. Ich sah sie sogar weinen, als ihr Armkettchen zerriss. Und das obwohl ich vorher nie im Leben gedacht hätte, dass sie überhaupt jemals weinen würde. Je mehr ich sie einschätzen konnte, je mehr ich verstand, wie sie so ist, desto mehr konnte ich sie leiden. Und als wir beim Schulausflug zum Museum im Bus nebeneinander saßen, verriet sie mir ein Geheimnis, dass mich sehr beeindruckte. Auch Dana hat eine Superkraft. Ich nenne das erst heute Superkraft, weil ich nun weiß, dass es sowas gibt. Sie selbst nannte es „Krankheit". Ihr Doktor nennt es „ADHS". Das ist auch der Grund, weshalb wir zusammen in einer Klasse sind, obwohl sie ein Jahr älter ist, als ich.

Dana bekommt sogar eine Medizin dagegen. Das wundert mich, weil ich ja keine Medizin bekomme. Obwohl unsere Superkräfte sich so ähnlich sind. Bei mir sind es die Gefühle, bei Dana sind es die Eindrücke. Sie sieht, hört, riecht und merkt viel mehr, als Kinder ohne diese ADHS-Superkraft. Und das macht ihr Probleme, denn dadurch kann sie sich nie lange auf etwas konzentrieren, sie wird ständig abgelenkt durch Dinge, die ein anderer gar nicht merken würde.

Du kannst dir das in etwa so vorstellen, wie wenn du, wenn du kein ADHS hast, mitten auf ner Baustelle zwischen zwei Bahngleisen deinen Schreibtisch aufbaust und dann dort eine Mathearbeit schreiben sollst, während dir der Schaffner mit seiner Trillerpfeife ins Ohr pfeift.

So fühlt sich das für Dana an, wenn sie ihre Medizin nicht bekommt. Während der Mathearbeit würde sie ständig das Wippen von Maras Fuß sehen, das Ticken der Uhr an der Wand hören, die Vögel, die vor dem Fenster von Baum zu Baum fliegen mit dem Blick verfolgen, selbst kaum die Beine stillhalten können .... Und dann ists ja ganz klar, dass dies keine gute Note wird, obwohl Dana eigentlich supergut im Rechnen ist. Weil Dana so ehrlich zu mir war, und mir von ihrem ADHS erzählt hat, vertraue ich ihr nun noch mehr, sie ist nun meine Freundin. Deshalb hab ich ihr von meiner Superkraft erzählt. Da hat sie aber nicht schlecht gestaunt. Gemeinsam haben wir dann beschlossen, dass das, was bei mir eine Superkraft ist, bei ihr keine Krankheit sein kann. Nein, Dana hat nun ganz offiziell auch eine Superkraft. Und weil uns das ihr Arzt nicht so einfach glauben will, nehmen wir eben seine Bezeichnung und benutzen auch sie als Geheimcode:

Die Erwachsenen denken noch immer, das ADHS für Aufmerksamkeitsdefizitssyndrom mit Hyperaktivität steht, doch für uns ist das Quatsch, den sowieso kein Mensch versteht, geschweige denn aussprechen kann. Es

ist doch ganz offensichtlich eine Abkürzung für **A**uch **D**ana **H**at **S**uperpower.

Doch das bleibt unser Geheimnis. Das wissen nur Dana, ich und du. Und wehe du verrätst es jemandem. Ach ja: Bevor ichs vergesse: Dana ist nun in der „Spaß-Schublade". Und da bleibt sie auch, das weiß ich genau!

Kapitel 5 – Hobbysuche für Anfänger

Kennst du Freundebücher? Es gibt Leute, die nennen sie Poesie-Alben, doch das ist altmodisch, denn so hießen die Dinger, als meine Eltern noch Kinder waren. Und das ist ja nun wirklich schon ewig lange her.

Hier bei uns nennen wir sie Freundebücher. Denn außen drauf steht meistens so etwas wie „Meine Kindergartenfreunde", „Meine Schulfreunde" oder „Meine besten Freunde".

Das allererste Freundebuch das ich hatte, war ein Piratenfreundebuch. Doch das war im Kindergarten und damals haben noch die Eltern alles ausgefüllt. In der Schule läuft das nun anders: Wir können jetzt schreiben, also beantworten wir selbst alle Fragen, die darin gestellt werden. Während die Erwachsenen denken, diese Bücher wären eine schöne Sache als Erinnerung an die Schulzeit, wenn man mal größer ist, ist das ganze aber doch viel komplizierter. Denn es ist so, dass es sehr wichtig ist, bei wem man ins Freundebuch reinschreiben darf! Je mehr Kinder dir ihres mitgeben, desto beliebter bist du.

Also freue ich mich immer riesig, wenn mich ein Mitschüler oder eine Mitschülerin fragt, ob ich bei ihm oder ihr reinschreiben möchte. Du kannst dir sicher denken, dass ich da noch nie „Nein!" gesagt habe. Wieso sollte ich auch? Natürlich schreibe ich dann nicht nur rein, sondern lese auch nach, was die anderen vor mir eingetragen haben.

Eine Frage fällt mir immer besonders schwer. Die lautet: „Was ist dein Hobby?" Manchmal auch „Was machst du in deiner Freizeit?" Was soll ich da reinschreiben? Ich ärgere gerne meine Schwester? Ich muss mit meiner Mama ständig einkaufen gehen? Nee, alles doof. Bei den anderen Jungs steht da meist „Fußballspielen", bei den meisten Mädchen ist es oft irgendwas mit Pferden: „Reiten", „Voltigieren", manchmal aber auch „Ballett" oder ähnlicher Käse.

Johanna geht auch ins Voltigieren. Jeden Mittwoch. Das ist sooo ätzend! Denn Mama will immer dabei bleiben und zuschauen. Das bedeutet für mich: rumstehen und langweilen. Tina, die Voltitrainerin hat mich mal gefragt, ob ich es nicht auch mal versuchen möchte. Kein Mensch aus meiner Klasse war in der Nähe, also dachte ich, wenn's ja keiner sieht, dann mach ich's halt. Außerdem wäre es peinlich gewesen, „Nein" zu sagen. Tja, was soll ich sagen: Das ist ganz schön hoch, so ein Pony. Und ich dachte vorher gar nicht, dass es so heftig wackelt.

Nach zwei, drei Runden hatte ich mich einigermaßen an das Schaukeln gewöhnt, doch dann fragte Tina, ob ich nun auch mal galoppieren möchte. Oh Gott, ich traute mich nicht abzulehnen und nickte nur schüchtern. Du glaubst gar nicht, wie es dann rund ging! Das Pony, Naomi, rannte los und mir kam es vor, als ob sie so schnell war, wie eine Rakete. Ich wollte „Stopp!" schreien, doch das ging nicht, irgendwie kam kein Ton aus meinem Mund. Verzweifelt klammerte ich mich an den breiten, haarigen Rücken des Tieres. Ich bin mir ganz sicher, dass mein Herz kurz vor dem Explodieren war, denn es pochte so schnell, als wolle es das rasende Pony überholen.

Ich glaube, Tina hat mir angesehen, dass es mir nicht gut ging und sie stoppte Naomi. Ich sprang hinunter und lächelte. Naja, meine Lippen lächelten. Doch in meinem Hals war ein riesengroßer Kloß. Ich spürte wie mein Kinn zitterte und dass meine Augen immer nasser wurden. Mit weichen Knien konzentrierte ich mich auf mein einziges Ziel: Mama! Sie stand am Tor zur Reithalle und strahlte mich an. Doch je näher ich kam, desto besser sah sie, dass mein Lächeln nicht echt war. Besorgt kam sie mir entgegen und nahm ich in ihre Arme.

Kennst du das: Wenn du dir weh getan hast oder Angst hast und versuchst ganz tapfer zu sein, und dann aber deine Mama oder deinen Papa siehst, dass du es dann einfach gar nicht mehr schaffen kannst, die Tränen zurückzuhalten?

Genau so ging es mir! Auch wenn alle anderen Mütter und die Volti-Mädchen es sehen konnten, ich heulte Rotz und Wasser!! Nie mehr, ganz und absolut sicher, nie mehr werde ich mich auf ein Pferd setzen. Wenn ich heute jemandem erzähle, dass Johanna volitigieren geht, dann nicht mehr gelangweilt, sondern mächtig stolz! Denn dass dies kein Zuckerlecken ist habe ich jetzt wohl gemerkt.

Ja, und nun sitze ich hier über den Freundebüchern und weiß noch immer nicht, was ich als Hobby eintragen könnte. Vielleicht versuche ich es ja doch mal mit Fußball? Papa meint, ich soll es mir in einer Probestunde mal anschauen. Gleich morgen werden wir in die Turnhalle gehen, denn dort findet das Training statt.

Aufgeregt gehe ich ins Bett. Wieder habe ich so viel im Kopf. Was, wenn die anderen Jungs dort viel besser sind und mich auslachen? Was, wenn ich ins Tor soll und keinen Ball halten kann? Ich hab ja noch gar keine richtigen Fußballschuhe, was wenn ich damit der einzige bin? Und wie hart ist eigentlich so ein Fußball? Noch mindestens drei Mal renne ich vor zur Treppe um meinen Eltern meine Sorgen mitzuteilen. Ich bin erst dann einigermaßen beruhigt, als Papa mir versichert, dass ich morgen ja nicht mitspielen muss, wenn ich das nicht möchte. Ich kann dann ja auch einfach nur zuschauen. So werde ich's machen. Auch wenn Mama meint, das soll ich erst morgen vor Ort entscheiden. Ich brauch doch diese Entscheidung jetzt, wie soll ich sonst schlafen. Genau, ich werde morgen nur zuschauen, nicht mitmachen. Und Papa, Mama und Johanna werden auch mitkommen. Puh!

Nachdem ich die Schule hinter mich gebracht habe und zuhause bin erzählt mir Mama, dass sie mit dem Trainer telefoniert hat und dieser einverstanden ist. Doch auch er meint wohl, ich soll doch gleich mitmachen. Ach Menno! Warum lassen die mich nicht in Ruhe? Wieso wollen sie mich alle überreden? Nein, ich möchte nur zuschauen. Basta! Und wenn ich extra meine Turnschuhe zuhause vergesse, damit es erst gar nicht mehr möglich ist, denn wer spielt schon barfüßig Fußball. Aber ich glaube, das ist gar nicht mehr nötig, Mama scheint es nun verstanden zu haben.

Pünktlich um drei Uhr sind wir an der Halle. Meine Güte, sind das viele Kinder. Ich dachte, so eine Mannschaft besteht nur aus 11 Spielern? Das sind ja mindestens 30! So viele wie Klasse 2 a und 2 b zusammen. Nur, dass es eben ausschließlich Jungs sind. Der Trainer begrüßt uns. Er ist groß, hat graue Haare und eine Stimme wie ein Bär. Okay, ich hab noch nie einen Bären sprechen gehört, doch ich bin mir sicher, dass er genau so klingen würde, wie der Trainer. Oha, ich glaube, ich mag doch nicht hier bleiben. Ob Mama meine Zeichen versteht, die ich ihr mit dem festen Drücken ihrer Hand geben möchte? Nein, sie merkt ja nicht einmal, dass meine Hände schon ganz feucht sind.

Die dreißig Jungs sind noch in der Umkleidekabine. Doch ich kann sie hören. Ich glaube, der ganze Ort kann sie hören. Ich bin mir nicht mal sicher, ob sie sich nur umziehen, oder ob sie schon in der Kabine Fußball spielen. Die machen einen solchen Krach, dass ich jetzt schon weiß, dass ich mich da nie im Leben reintraue!

Scheinbar wird es auch dem Trainer zu laut. Er lächelt uns entschuldigend an, geht zur Kabinentüre, reißt sie auf und schreit hinein: „Ruhe da drinnen!!!! Umziehen sollt ihr euch und das bitte zack zack!".

Du, ganz ehrlich, ich weiß gar nicht, wie ich dir beschreiben soll, wie das klang. Die tiefe, brummige Bärenstimme des Trainers in einer Lautstärke eines startenden Flugzeuges. Oder einer startenden Rakete. Oder, wenn man die Stereoanlage bis zum Anschlag aufdreht. Das weiß ich, denn das ist Johanna mal passiert.

Den Rest des Fußballtrainings erzähle ich dir ganz schnell: Ich habe nur noch einen Gedanken im Kopf: „Raus hier!". Während des Trainings möchte ich mir am liebsten die ganze Zeit die Ohren zuhalten! Es ist so furchtbar laut. Die Trillerpfeife des Schiedsrichters, die Schreie des Trainers, die Zurufe der spielenden Jungs. Einmal knallt sogar der Ball, der übrigens megahart ist, direkt neben mir an die Hallenwand.

Nein, da kann mir Mama noch so oft erklären, dass der Trainer ja die Stimme erheben muss, um all die Kinder zu übertönen, ich weiß ganz sicher – Fußball ist nicht mein Ding. Und das nicht mal darum, weil die ganze Sache in die „Das-mag-ich-nicht!-Falle" geplumpst ist. Nein, nein, das ist ganz sicher ein Fall für die „Gefahr-Schublade". Rein damit, Schublade zu und am besten noch abschließen.

Zum Glück sehen meine Eltern das ein, auch wenn ich das Gefühl habe, dass Papa ein klein wenig enttäuscht wirkt. Das macht mich traurig, aber nicht traurig genug, als dass ich darum doch noch mal zum Fußball gehe!

Mama meint auf der Heimfahrt, dass sie von den anderen Müttern erfahren hat, dass es nun in unserem Dorf Bubenturnen geben soll. Und Pit würde da wohl auch hingehen. Ich bin müde von all der Aufregung, sodass ich keine Kraft mehr habe zu widersprechen. Nicht mal mehr um zu fragen, was man da genau machen muss. Ich schätze mal, das ist dann wie das Turnen in der Schule. Mama ist gar nicht müde. Im Gegenteil. Sie ist ganz begeistert von ihrer eigenen Idee, mich zum Bubenturnen zu bringen. Kurzentschlossen braust sie an der Kreuzung nach links und fährt mit uns zur Dorfhalle. Damit ich keine Zeit habe, es mir anders überlegen, sagt sie. Wie gemein!

Vor der Halle sehe ich schon Pit stehen. Und Tim. Jens, Simon und Mika aus der 2a sind auch da. Cool! Die kenne ich ja alle. Pit kommt sogar gleich zu mir gerannt. Doch Mama zieht mich erst mal hinter sich her und bringt mich zu Martin, dem Turnlehrer. Er hat nichts dagegen, dass ich auch noch mit zur Gruppe stoße. Wir sind eine kleine Gruppe. 6 Jungs! Und ich kenne sie alle. Martin ist super. Er lacht viel mit uns und führt uns alle Übungen vor. Eine Trillerpfeife hat er nicht. Wir wärmen uns auf, bevor wir zusammen die Matten holen. Dann stellt Martin einen Parcours auf. Purzelbäume sollen wir machen. Das ist genial, denn darin bin ich voll gut. Als nächstes kommen die großen schweren Medizinbälle zum Einsatz. Wir sollen sie so weit weg stoßen, wie wir können. War ja klar, dass Mika da der Beste sein würde, denn der ist ja sogar noch stärker als Pit.

Die Zeit vergeht wie im Flug und als die Stunde um ist bin ich total verschwitzt. Aber glücklich.

Noch bevor mich Mama zuhause unter die Dusche zerrt muss ich meinen Eintrag ins Freundebuch beenden. Denn jetzt weiß ich, was ich antworten kann. Bei: „Was ist dein Hobby?" steht nun in Schönschrift: Bubenturnen.

Kapitel 6 – Ein Wochenende bei Oma und Opa

Pit hat's gut. Er wohnt mit seiner Familie in einem großen Haus das mehrere Wohnungen hat. Ganz unten wohnt er mit seinen Eltern und seinem Zwillingsbruder. Im ersten Stock wohnt seine Tante. Und im zweiten Stock seine Oma. Er kann sie jeden Tag sehen. Und er kann hin, wann immer er möchte. Darum beneide ich ihn.

Johanna und ich haben mehrere Omas und Opas. Doch die sehen wir nicht so oft. Die Großeltern, zu denen wir den meisten Kontakt haben, sind die Eltern meiner Mama. Oma Marion und Opa Karlheinz. Doch auch die beiden haben leider nicht sehr oft Zeit und sie wohnen auch nicht bei uns im Haus, nein, nicht mal im gleichen Ort. Beide arbeiten viel und Oma sogar an den Wochenenden.

Deshalb ist es nur ganz selten möglich, die beiden zu besuchen. Das ist dann etwas ganz Besonderes, denn wenn wir dann mal zu Oma und Opa fahren, dann dürfen wir da auch übernachten.

Sie erlauben uns immer ganz viele Dinge, die wir bei Papa und Mama nicht dürfen. Wir bauen uns Lager aus den Sofakissen, springen auf der Couch herum, dürfen lange wach bleiben und einen Film gucken und dabei soviel Süßkram mampfen, wie in unsere Bäuche passt. Selbst Gummibärchen! Die gibt's zuhause nicht. Opa hat sogar ein Zimmer, in dem man Sport machen kann. Mit Laufband und Hanteln. Manchmal geht er mit uns rein, und ich darf dann ausprobieren, wie schnell und lange ich auf dem Laufband rennen kann.

Morgen ist es endlich so weit, ein Oma-Opa-Wochenende steht an. Und dieses Mal ist es ganz anders, denn zum allerersten Mal dürfen Johanna und ich gleich zwei Nächte hintereinander dort schlafen. Denn Papa und Mama fahren für zwei Tage weit weg. Ans andere Ende von Deutschland, sagt Mama. Sie haben ihren Hochzeitstag und wollen ein Musical besuchen. Papa meint, das ist so was wie ein Theaterstück, nur dass die Schauspieler mehr singen als reden. Die Armen! Das ist doch todlangweilig. Da haben meine Schwester und ich es aber tausend Mal besser. Schließlich gibt's bei Oma und Opa Popcorn. Ich glaube nicht, dass so was in diesem Musical auch erlaubt ist.

Johanna und ich gehen strahlend ins Bett. Wir sind voller Vorfreude. Unsere Reisetasche ist gepackt, nur die Kuscheltiere sind noch nicht drin, die brauchen wir ja heut noch mal. Besonders den Dodo. Das ist mein Kuschelaffe. Den habe ich schon seit ich ganz klein war. Er ist mein allergrößter Schatz, und den geb ich niemals her. „Gute Nacht!" sagen Paps und Mama und gehen aus dem Kinderzimmer. Sicherheitshalber warten Johanna und ich noch ein paar Minuten, bis wir ganz sicher sein können, dass sie nun im Wohnzimmer sind. Ja, jetzt hören wir die dumpfen Stimmen des Fernsehens von unten. Nun können wir flüstern, ohne gehört zu werden. „Henry?" fragt Johanna. „Freust du dich auch schon so auf morgen?" „Klar!" sage ich. „Was glaubst du, welchen Film wird Opa ausgeliehen haben?" überlege ich. „Hmmmh, wir sind zwei Nächte dort, also muss er auch zwei Filme haben! Vielleicht einen Mädchen- und einen Jungenfilm?" spekuliert meine kleine Schwester. Manchmal ist sie richtig schlau. Wir flüstern noch eine Weile miteinander über all die schönen Dinge, die uns in den nächsten zwei Tagen erwarten, bis ich keine Antwort mehr aus dem Nachbarbett bekomme.

So ist das oft. Ich rede und rede und irgendwann schläft Johanna einfach ein und die einzige Antwort, die ich noch bekomme ist ihr Schnarchen. Das nervt! Doch irgendwann fallen auch mir die Augen zu.

Endlich ist es soweit! Die Nacht ist rum, raus aus den Federn, Kuscheltiere in die Taschen und auch die Zahnbürsten! Juchuu, heute geht's zu Oma und Opa. Papa lädt unser Gepäck in den Kofferraum und auch die Taschen von ihm und Mama, denn die beiden fahren direkt weiter, wenn sie uns abgeladen haben.

Während ich so im Auto sitze und merke, dass wir uns Oma und Opa immer weiter nähern, bekomme ich zum ersten Mal so ein komisches Gefühl in meinem Bauch. Plötzlich freue ich mich gar nicht mehr so arg. Mir wird langsam klar, dass ich meine Eltern jetzt zwei ganze Tage nicht sehen werde. Das war noch nie der Fall. Zwei lange Tage! Was, wenn ich sie dann vermisse? Sie werden ja ganz weit weg sein, am anderen Ende von Deutschland. Sie würden ja Stunden brauchen um zu kommen, wenn irgendwas wäre.

Ich liebe Oma und Opa. Ich liebe die beiden von ganzem Herzen und ich genieße jede Minute dort. Doch manchmal erschrecke ich auch vor der Oma. Du musst wissen, meine Oma ist keine Oma, wie du sie dir vielleicht vorstellst. Da ist nix mit Lockenwicklern, Küchenschürze, Stricknadeln und Kreuzworträtseln. Meine Oma ist jung, hat lange braune Haare und ist verrückt. Nicht böse-verrückt oder krank-verrückt, aber dennoch verrückt. Wenn ihr ein Lied in den Kopf kommt, dann singt sie einfach laut drauf los. So richtig laut und schräg noch dazu. Und sie macht verbotene Sachen. Das macht mich immer total nervös. Zum Beispiel wenn wir ins Kino gehen. Da schmuggelt sie Süßes und Trinken in ihrer Handtasche mit rein. Obwohl sie ganz genau weiß, dass das nicht erlaubt ist. Sie meint dann nur „Das Kino ist teuer genug! Dann bring ich wenigstens unser Vesper selbst mit, das spart ein paar Euros!"

Oma kann auch gar nicht leise reden. Oft „platzen" die Worte schon förmlich aus ihr raus. Ich erschrecke dann immer ganz fürchterlich. Sie meint das gar nicht böse und sie lacht auch dabei, doch manchmal wünschte ich, sie wäre etwas leiser. Sie versteht dann auch nicht, wie meine Mama, wenn ich irgendwas nicht möchte. Dann muss ich die Tränen runterschlucken. Wenn sie zum Beispiel sagt, ich soll doch kurz alleine in die Bäckerei gehen und Brezeln kaufen, und ich ihr dann sage, dass ich mich nicht traue, dann sagt sie „Stell dich nicht so an, du bist immerhin 8 Jahre alt!". Mama würde sagen: „Dann nimm Johanna mit rein." Und das wäre dann auch in Ordnung. Denn dann wären wir ja zu zweit.

Nun, wo wir auf den Parkplatz vor Omas und Opas Haus fahren hab ich so plötzlich gar keine Ahnung mehr, weshalb ich mich gestern so sehr auf dieses Wochenende gefreut habe. Am liebsten würde ich mich jetzt an Mama kuscheln und ihr ins Ohr flüstern, dass so ein Musical doch sicher auch was ganz Tolles für Kinder ist, und dass sie mich mitnehmen soll. Doch nun ist es zu spät.

Strahlend kommt Oma aus dem Haus gerannt: „Heeee-enry!!!! Johanna!!!! Da seid ihr ja!!!!"

Bevor ich noch irgendwie reagieren kann, hat sie uns beide schon fest an sich gedrückt und knutscht uns auf die Wangen. Im Hintergrund sehe ich Opa stehen. Okay, ich glaube, ich gebe ihnen eine Chance. So sehr, wie sich die beiden auf uns Kinder freuen, würde ich sie doch sehr enttäuschen.

Normalerweise trinken meine Eltern mit Oma und Opa noch einen Kaffee, bevor sie sich verabschieden, doch heute nicht. Sie müssen zum Flughafen, ihr Flugzeug nach Norddeutschland erwischen. Okaaaaay, irgendwie geht mir das alles nun viel zu schnell! Schwuppdiwupp steht die Reisetasche im Schlafzimmer, schwuppdiwupp stehen wir schon an der Haustür und Mama breitet ihre Arme aus für die Abschiedskuschelattacke.

Stopp! Will ich rufen. Filme? Langweilig! Süßkram? Brauch ich nicht! Sofakissenburgen? Soll doch Johanna die bauen! Ich will nur eines: Dass Papa und Mama hierbleiben. Oder mich mitnehmen. Doch wie sag ich das jetzt? Oma und Opa wären doch sicher traurig. Und Papa und Mama könnten nicht ins Musical, obwohl sie doch so viel Geld für die Karten bezahlt haben.

Ich kann nichts dafür, die Tränen kommen nun einfach.

Weinend klammere ich mich an Mama. Ich flüstere ihr ins Ohr, doch ich glaube, sie kann gar nicht verstehen, was ich sage, so sehr wackelt meine Stimme. Sie drückt mich feste und versucht mich zu beruhigen. Zählt mir all die tollen Sachen auf, die ich doch erleben werde und sagt mir, dass sie mich ganz doll liebt und dass sie jeden Tag drei Mal mindestens anrufen wird und ich jederzeit der Oma sagen darf, wenn ich auf Papas oder Mamas Handy anrufen möchte.

Okay, ich will's versuchen. Tapfer schlucke ich den Kloß hinunter, drücke auch Papa ganz fest und renne dann nach dem Abschied ganz schnell ins Schlafzimmer. Ich möchte auf keinen Fall sehen, wie sie zur Türe rausgehen.

Kurze Zeit später höre ich, wie Oma ins Zimmer kommt. Mit tieftrauriger Stimme sagt sie: „Henry, es tut mir so unheimlich leid!" Tapfer frage ich sie „Was tut dir leid?". Ich merke, dass sich da ein Lächeln auf ihren ach-so-traurigen Mund mogeln will. „Dass das nun alles nicht klappt!" „Was klappt nicht?" frage ich verwundert. „Nun-ja," meint sie „ganz offensichtlich bist du gerade viel zu traurig um etwas zu unternehmen, also klappt es nicht!" Langsam werde ich ungeduldig. Wovon spricht sie nur? „Eigentlich hatten Opa und ich vor, mit euch ins „Aqua-Spiel-und-Spaß-Paradies" zu gehen, doch ganz offensichtlich bist du für so etwas viiiiiiel zu traurig!"

Ich glaube ich traue meinen Ohren nicht! Ins Aqua-Spiel-und-Spaß-Paradies? Hat sie das wirklich gesagt? Das ist dieses neue, riesengroße Schwimmbad mit Piratenlandschaft und Schwimmreifenplätscherfluss! Pit und Dana waren dort schon mit ihren Eltern und ich dachte schon, ich komme da nie hin!

Mit einem Satz lande ich in Omas Armen! Hab ich schon erwähnt, dass ich die beste Oma der Welt habe? Und von mir aus kann sie nun auch verbotenerweise eigene Getränke mit in die Badetasche packen, ich glaube, heute verzeihe ich ihr alles!

Das Aqua-Spiel-und-Spaß-Paradies!!! Das ist ja der Wahnsinn!!

Johanna, Oma, Opa und ich haben einen tollen Tag im Schwimmbad. Wir bleiben so lange dort, dass es schon ganz dunkel ist, als wir nach Hause fahren, Johanna nickt sogar ein in ihrem Autositz. Eigentlich wäre schon längst Schlafenszeit, der Sandmann ist schon vorbei!! Sofort muss ich bei meinen Eltern auf dem Handy anrufen. Ich lasse sie gar nicht zu Wort kommen, so viel hab ich zu erzählen. Papa und

Mama freuen sich riesig und tun ganz überrascht, doch ich bin ja nicht doof, ich wusste doch, dass die beiden mit Opa und Oma unter einer Decke stecken. Schließlich sind unsere Badesachen ja sicher nicht durch Zauberhand in die Reisetasche gelangt.

Heute schauen wir keinen Film mehr an. Es ist zu spät und wir sind total müde. Also erzählt uns Oma eine selbsterfundene Geschichte, das macht sie oft und meistens sind die Geschichten auch echt witzig. Es dauert nicht lange und Johannas wohlvertrautes Schnarchen erfüllt den Raum. Gestern hat's mich genervt, jetzt finde ich es gut, dass ich etwas höre, das mir so bekannt ist. Wenn ich die Augen fest zukneife und mir den Geruch von Omas Weichspüler an der Bettdecke wegdenke, dann kann ich mir ein klein wenig vorstellen, ich läge zuhause in meinem Bett. Nur die Fernsehgeräusche aus dem Wohnzimmer fehlen.

Zum Frühstück gibt es Nutellabrot. Das gibt es hier immer, doch du kannst dir gar nicht vorstellen, wie viel Nutella die Oma auf eine Scheibe Brot bekommt. Das würde Mama nie machen. Nicht mal Papa, und der sieht die Süßigkeitengeschichte viel lockerer als Mama. Bei Oma ist die Nutellaschicht fast so dick wie das Brot selbst. Herrlich! Noch während dem Frühstück klingelt das Telefon.

Es ist Papa. Die beiden sind gerade Bummeln und er muss mal wieder warten, während Mama stundenlang Klamotten anprobiert. Meine Güte, bin ich froh, dass ich hier im Schlafanzug dicke Nutellabrote esse und nicht durch Klamottenläden laufen muss.

Nach dem Frühstück waschen wir uns und fahren zu Oma Elsa. Das ist unsere Uroma. Also die Mama von Oma Marion. Johanna und ich sind wenig begeistert. Ja, wir mögen sie gerne und sie freut sich immer riesig, wenn sie uns sieht, doch ganz ehrlich: Irgendwie finde ich sie auch gruselig. Das liegt daran, dass sie alles vergisst. Und damit meine ich wirklich alles! Mama sagt, dass das eine Krankheit ist, die Demenz heißt. Zum Glück vergisst sie nicht wer wir sind. Das weiß sie. Doch dass ich schon in die zweite Klasse gehe, hat sie vergessen. Sie kann auch gar nicht glauben, dass Johanna im Sommer in die Schule kommt. Und das, obwohl ich genau gehört habe, wie Johanna ihr es erst letzte Woche am Telefon erzählt hat.

Ich finde es langweilig hier bei Oma Elsa. Johanna sieht das genauso. Es tut mir ja leid für sie, doch ich kann nichts dafür. Hier gibt es keine Spielsachen, nur so komische harte Porzellanpuppen. Wer braucht denn bitte so was? Ich angele mir Oma Marions Handy und verschwinde mit Johanna im Schlafzimmer. Gemeinsam rufen wir bei Mama an. Als sie rangeht fragt sie, wie es uns geht.

Ich höre an ihrer Stimme, dass sie Angst hat, wir könnten sie vermissen. Das würde sie traurig machen. Also schwindele ich sie an. Ich behaupte, dass alles gut ist und wir gerade viel Spaß mit Oma Elsa haben. Dann nimmt Johanna das Telefon.

Und bricht in Tränen aus.

Huch, da bin ich nun aber wirklich baff. Johanna, die, die immer lacht und strahlt, hat Heimweh. Mama versucht meine Schwester zu beruhigen, doch irgendwie gelingt ihr das nicht. Oma Marion muss uns gehört haben, denn plötzlich ist sie da und drückt Johanna fest an sich um sie zu trösten. Währenddessen spreche ich wieder mit Mama. Ich behaupte nach wie vor, dass bei mir alles in Ordnung ist. Schließlich bin ich ja der Große und wenn Johanna so fürchterliches Heimweh hat, dann muss ja wenigstens ich stark sein. Dennoch merke ich, dass Mama mir nicht so recht glaubt. Aber immerhin tut sie so, als ob.

Gemeinsam mit Oma Elsa gehen wir noch auf den Spielplatz im Park. Das ist schon viel besser! Bei strahlendem Sonnenschein toben wir uns aus, sogar ein großer Erdbeereisbecher springt für uns raus und selbst Oma

Elsa spielt mit, als wir Verstecken spielen. Das hat sie noch nie gemacht. Später kommt Opa dazu. Mit Opa zusammen trauen wir uns sogar auf die Riesenrohrrutsche. Die ist bestimmt 500 Meter hoch oder so, so was kann man sich ja nur mit einem Opa oder einem Papa zusammen trauen.

Auch dieser Tag geht zu Ende. Heute Abend schauen wir tatsächlich eine DVD. Und naschen Popcorn. Und bauen uns eine Burg aus Sofakissen. Und wir sind fröhlich. Denn wir wissen: Morgen kommen Papa und Mama und wir fahren wieder nach Hause. So sehr ich Oma und Opa liebe, so bin ich doch froh, wenn ich wieder bei meinen Eltern bin. Und mich Johannas Schnarchen wieder nervt.

In der Nacht kommen mir wieder ein paar Tränen. Doch die sind ganz leise, sodass weder Oma, noch Opa oder Johanna sie hören. Ich lasse sie einfach laufen bis ich einschlafe. Denn nun ist es nicht mehr lange. Und immerhin habe ich meinen Dodo und Johannas Schnarchen. Und irgendwann bin ich zu müde zum traurig sein. Die Augen fallen mir zu und ich schlafe ein.

„Guten Morgen, meine zwei Schätze!!" Träum ich noch oder höre ich da die Stimme von Mama? Tatsächlich – sie ist es. Und Papa steht neben ihr und lächelt mich an. Johanna reagiert schneller, mit einem Satz ist sie auf Papas Arm. Du musst wissen, Papas Arme sind wirklich stark, er hebt meine Schwester hoch, als wäre sie federleicht. Mamas Arme sind noch frei, also: Attacke! Superduperdrückundkuschelattacke!!!! Ich hatte ja keine Ahnung, dass unsere Eltern schon so früh kommen würden. Brezeln haben sie mitgebracht und sogar Schokocroissants. Die mag ich noch lieber, als Oma-Nutellabrote.

Jetzt, wo ich niemanden mehr vermissen muss, finde ich es eigentlich gar nicht mehr so schlimm, zwei Tage auswärts übernachtet zu haben. „Oma, Opa, wann dürfen wir mal wieder bei euch schlafen?" fragen Johanna und ich, wie aus einer Kehle. Manchmal denken wir halt tatsächlich das Gleiche.

Da müssen Papa, Mama, Oma und Opa lauthals loslachen. Und Johanna und ich lachen mit.

Kapitel 7 - Wir fliegen in den Urlaub!

Heute fliegen wir in den Urlaub! Es ist das erste Mal, dass wir fliegen und nicht mit dem Auto fahren. Und das Beste daran: Mitten in der Nacht! Papa und Mama haben Johanna und mich schon im Jogginganzug schlafen lassen und uns gerade geweckt. Sie sehen beide ganz zerknautscht aus, wie man halt so aussieht, wenn man gerade erst aufgestanden ist. Zerknautscht und müde.

Ich bin überhaupt nicht müde. Kein Stück! Ich bin superaufgeregt, denn wann darf man denn schon mal mitten in der Nacht aufstehen. Ich schaue zur Uhr: Es ist kurz nach drei! Wow, ich glaube, um diese Zeit war ich noch nie wach. Finster ist es draußen, man kann noch nicht mal die Vögel zwitschern hören, da die noch in ihren Nestern schlafen. Sollen sie doch, sie fahren ja nicht in den Urlaub! Sie fliegen erst im Herbst in den Süden – wir schon heute. Ätsch.

Ich freu mich drauf, denn es wird sicher schön werden, so wie meine Eltern schwärmen. Aber um ehrlich zu sein, wäre ich am allerliebsten in den Schwarzwald gefahren. Dort waren wir vor zwei Jahren, zusammen mit Oma. Das war toll, es gab ein riesiges Freibad gleich um die Ecke und hinter dem Gasthof einen Hügel, von dem wir mit geliehenen Bobby Cars und Rollern hinunter sausen konnten.

Papa sagt immer: „Der Schwarzwald-Urlaub ist nicht das Maß aller Dinge. Auch an anderen Orten ist es toll!" Hmmh, das kann ich nur hoffen. Denn einen „Hinuntersaus-Hügel" gibt es dort wohl nicht, das lässt mich schon stark zweifeln.

Ich verstehe sowieso nicht, warum so viele Leute immer unbedingt „etwas Neues" erleben, entdecken oder tun wollen. Das mag ich gar nicht. Ich tu am liebsten die Dinge, die ich schon kenne. Da weiß ich dann genau was kommt und muss mir keine Sorgen machen. Ich kann außer der „Spaß-Schublade" alle anderen geschlossen lassen. Meine Eltern sehen das ganz offensichtlich anders, denn sonst würden wir ja heute in den Schwarzwald fahren. Tun wir aber nicht. Aber immerhin haben sies geschafft, dass ich mich doch ein wenig auf diesen Urlaub freue. Zumindest geb ich ihm eine Chance.

Auch heute sehen wir Oma. Doch sie kommt nicht mit, sie fährt uns nur zum Flughafen, damit das Auto dort nicht bleiben muss, das wäre ganz schön teuer. Nach einem kurzen Frühstück – auch wenn ich doch gar keinen Hunger hab – geht's los. Die letzten Taschen werden ins Auto geworfen, Dodo kommt in meinen Handgepäckrucksack und wir machen uns alle fünf auf den Weg nach Frankfurt, denn da ist der Flughafen.

Aufgeregt schauen Johanna und ich aus dem Fenster. Baum, Baum, Baum, Auto, Baum, Baum, Auto, Baum, ... Schnell ist unsere Freude verflogen. Die Fahrt dauert ja ewig! Und irgendwie sind wir ja doch noch müde. Um die Zeit zu vertreiben zähle ich die Bäume: Baum, Baum, Baum, ... und schlafe ein.

So war das zwar nicht geplant und ich würde es auch nie zugeben, doch eigentlich war es recht praktisch. Denn, als ich aufwache sind wir am Flughafen. Zweieinhalb Stunden haben Johanna und ich geschlafen. Verpasst haben wir nichts, denn Bäume gibt es auch zuhause. Nachdem wir uns von Oma verabschiedet haben, schleppen wir unser Gepäck zu einem Schalter, wo es gewogen wird und dann auf einem Laufband wegfährt. Den Rucksack mit Dodo behalte ich jedoch.

Dann stellen wir uns an einer langen Schlange an. Keine Ahnung weshalb. Mama erklärt, dass wir jetzt gleich unsere Taschen leeren müssen und dann durch ein Tor laufen, das piepst, falls wir irgendwas Metallenes an uns haben. Danach werden wir von einem Angestellten abgetastet um sicher zu gehen, dass nichts Gefährliches mit ins Flugzeug geschmuggelt wird.

Oh mein Gott! Ich bekomme Angst! Was, wenn sie irgendwas an mir finden, das sie gefährlich finden? Und überhaupt – ich will doch nicht, dass mich jemand Fremdes anfasst. Und das tun sie, ich sehe es genau in der Schlange vor mir. Mama versucht mich zu beruhigen, dass ich nichts zu befürchten habe, da ich ja nichts Verbotenes bei mir trage. Trotzdem ist mir supermulmig im Bauch. Außerdem hat Papa noch ne Flasche Mineralwasser in der Hand.  Und auf dem Schild da vorne steht doch, dass das verboten ist. Das erkennt doch jedes Baby, dafür muss man nicht mal lesen können. Es ist eine Flasche in einem roten Kreis darauf abgebildet, und diese ist dick und fett durchgestrichen. Als ich ihn darauf hinweise, meint er nur: „Mensch Henry, mach dir doch nicht schon wieder so nen Kopf! Bis wir dran sind ist die leer. Da vorne stehen doch Extra-Mülltonnen, damit man seine Flaschen vor der Kontrolle entsorgen kann!". Da hat er recht. Aber mir wär's trotzdem lieber, wenn er sie jetzt schon wegschmeißen würde. Ich selbst jedenfalls trau mich nicht mehr, noch etwas zu trinken. Wer weiß, vielleicht piepst das Tor ja auch, wenn ich das Wasser im Bauch mit rein trage. Aber diese Sorge teile ich lieber nicht mit meinen Eltern, vielleicht lachen sie mich dann aus. Angestrengt zermartere ich mir den Kopf, was an meiner Kleidung alles aus Metall ist und piepsen könnte. Mein Hosenknopf? Ach nein, ich hab ja ne Jogginghose an. Der Reißverschluss an meiner Weste? Hmmh, ist in Schuhsohlen eigentlich Metall? Keine Ahnung, doch wenn, dann piepst es ja gleich und ich kann gar nichts dafür. Alle werden mich anschauen, die Kontrolleure bestimmt ganz besonders bös. Und wenn sie mir dann nicht glauben, dass ich nicht wusste, dass Schuhsohlen aus Metall sind, werden sie dann die Flughafenpolizei rufen?

Unbegründet war sie, meine Angst. Der Flughafenangestellte ist superfreundlich. Und anfassen tut er mich gar nicht. Er hält nur so eine Art Riesenlupe ein paar cm von mir entfernt an mich ran, doch ich glaube, er sieht mir an, dass ich nicht gefährlich bin. Auch meine Turnschuhsohlen piepsen nicht, also sind sie wohl doch aus Gummi. Das hatte ich ja ohnehin vermutet, doch wer weiß, wer weiß. Bei Papa schaut er schon genauer hin. Der muss sogar seine Schuhe ausziehen zur Kontrolle. Hoffentlich hat er keine Käsefüße, hihi!

Endlich sind wir alle durch und nach einem kurzen Klobesuch stehen wir schon wieder in der nächsten Menschenschlange. Dieses Mal nennt es sich „Boarding".

Das heißt, dass wir nun alle, brav nacheinander ins Flugzeug steigen, wenn unsere Sitzplatzreihen aufgerufen werden. Johanna bekommt ihren Platz neben Papa, ich sitze neben Mama am Fenster. Das ist ja so cool, im Flugzeug. Du wirst es nicht glauben, doch ich habe sogar einen eigenen Fernseher! In der Sessellehne vor mir. Jeder hat das, ich kann mein Glück kaum fassen. Nun freu ich mich richtig auf den Flug!  Schnell mach ich die Abdeckung vors Fenster, damit ich besser sehen kann, was da läuft. „Ich glaub ich spinne!" schimpft Mama „Da überlasse ich dir den Fensterplatz, damit du bestaunen kannst, wie hoch wir fliegen, und du machst die Abdeckung runter um fernzusehen!". Na gut, dann tauschen wir halt den Platz. So ist jeder zufrieden, Mama, die aus dem Fenster schauen kann und ich, mit nem eigenen Fernseher. Durch den Sitztausch habe ich nun sogar noch meine Schwester nah bei mir, zwinkernd gibt sie mir von ihrem Knabbereien etwas ab. Das ist ja noch besser als Kino!

Zwei Filme am Stück kann ich schauen bis wir landen. Sogar während des Essens. Wobei das Essen wirklich ekelhaft ist. Es sieht aus wie die Sandkastenmatschepampe, die mir meine Schwester auf dem Spielplatz immer als Vanilleeis mit heißen Himbeeren verkaufen will. Und weil es aussieht wie Matschepampe, pampe ich mit meiner Plastikgabel angemessen darin herum, damit es wenigstens so scheint, als hätte ich davon gekostet.

Natürlich hätte ich auch noch einen dritten Film angeguckt, doch leider reicht die Zeit nicht, denn nun landen wir schon auf unserer Urlaubsinsel. Obwohl ich ja die ganze Zeit gesessen habe, fühle ich mich doch arg müde, als wir aussteigen. Auf die Koffer müssen wir noch einen Moment warten, doch dann tauchen auch diese auf einem Förderband auf, das immer im Kreis läuft. Dann geht alles ganz fix. Wir verlassen den Flughafen, steigen in ein Taxi und das bringt uns dann zu unserem Hotel. Auch wenn ich das Gefühl habe, dass mein Kopf in Zuckerwatte gepackt ist, vor lauter Müdigkeit, so erkenne ich doch, dass dieses Hotel super aussieht! Von außen wie ein normales Haus, von innen aber wie ein Palast! Die Böden glänzen, und am Eingang neben der Rezeption gibt es sogar einen kleinen Springbrunnen! Und in dem Springbrunnen schwimmen echte lebendige Goldfischchen!

Wow, ich komme aus dem Staunen nicht mehr heraus. Und auch Johanna bekommt den Mund gar nicht mehr zu.

Papa und Mama melden uns an der Rezeption an. Danach kommt ein Mann in einer schicken Uniform. Er lädt unser Gepäck auf einen Schiebewagen und sagt irgendwas zu Johanna und mir. Ich verstehe kein Wort, denn er spricht Englisch, so wie alle hier. Es ist wirklich kein schönes Gefühl, wenn man nicht versteht, was die Leute um einen herum so sprechen. Außer ein paar Farben, Zahlen, „Thank you!" und „My name is Henry!" kann ich kein Englisch. Aber das ist immerhin mehr, als Johannas Wortschatz. Die kann nur „Thank you!" sagen und das klingt auch reichlich komisch. Das hört sich dann an wie „Fääääähnck ju!", doch das ist schon richtig gut, dafür, dass sie erst fünf ist. Zum Glück habe ich ja meine Superkräfte. Die helfen mir zwar nicht beim Ausländisch-sprechen, doch ich sehe dem Mann in Uniform an, dass er etwas Freundliches zu uns gesagt haben muss. Also sage ich „Thank you!" Er strahlt. Puh, dann war's wohl richtig, dass ich mich bedankt habe. Paps zwinkert mir zu. Später erzählt er mir, dass der Uniformierte wohl gesagt hatte, was für hübsche Kinder wir seien.

Gemeinsam steigen wir in einen Fahrstuhl. Der sieht toll aus, die Wände sind aus Spiegeln. Im dritten Stock liegt unser Zimmer. „Jippieh!" rufe ich, als ich sehe, dass nur zwei Betten darin stehen. Zwei große Betten, in die je zwei Leute reinpassen. Das hatte ich so gehofft, denn im Schwarzwald-Urlaub war das genauso gewesen und es bedeutete, dass Johanna und ich abwechselnd mal bei Papa, mal bei Mama im Bett schlafen durften.

„Ich weiß, ihr seid müde, Kinder, doch ich möchte euch noch etwas zeigen, das euch sicherlich gefallen wird!" sagt Papa. Oh, oh, denke ich. Hoffentlich ist das eine Überraschung, die mir auch gefällt. Manchmal machen meine Eltern Überraschungen, die mir dann gar nicht gefallen. In einem solchen Fall habe ich immer zwei Möglichkeiten: Entweder ich tu so, als ob ich mich freue, obwohl es nicht stimmt, doch meine Eltern sind dann glücklich. Oder ich gestehe, dass ich's doof finde und nehme damit in Kauf sie zu enttäuschen. So, wie beim letzten Freizeitparkbesuch. Sie dachten, sie machen uns damit eine riiiiieeesen Freude. Das war es ja auch – aber nur für meine kleine Schwester. Ich selbst freute mich nicht. Viel zu groß war meine Angst vor den schnellen, lauten, wilden Karussells. Doch ich entschied mich, es ihnen nicht zu gestehen. Der Rest des Tages ist schnell erzählt: Henry hat Bammel, Henry tut tapfer, Henry traut sich doch, Henry hat nen Mordsspaß. Erst dann erzählte ich, dass ich eigentlich nicht begeistert gewesen war. Papa meinte nur „Na siehst du!", während ich an Mamas Blick erkannte, dass sie sich sorgte. Du musst wissen, ich glaube, meine Mama hat die gleiche Superkraft wie ich. Und deshalb weiß sie, dass man es mit der Superfühlkraft (HSP) nicht unbedingt leichter hat, weil es ihr genauso geht. Trotzdem finde ich es gut, denn sie sagt oft: „Ich verstehe dich, das ist bei mir auch so gewesen, als ich Kind war!"

Doch sie sagt mir auch immer wieder etwas, das ich einfach nicht so recht verstehe. Meistens sagt sie es, wenn sie diesen Sorgenblick hat, so wie im Freizeitpark: „Henry, du musst versuchen, das Leben nicht so schwer zu nehmen. Denk nicht so viel nach, sei einfach Kind!"

Verstehst du, was sie damit meint?

Doch jetzt sind wir ja nicht mehr im Freizeitpark, sondern im Urlaubshotel. Und Johanna und ich sind gespannt, was Papa uns zeigen will. Gemeinsam fahren wir wieder mit dem Fahrstuhl runter, nur Mama meint scheinheilig, dass sie gleich nachkommen wird. Unten in der Halle laufen wir rechts an der Rezeption vorbei und kommen zu einer Glastüre. Papa öffnet sie und dahinter liegt ein verschlungener Weg. Es ist jetzt schon dunkel draußen, doch hinter dem nächsten Busch schimmert es. Ich schnuppere. Die Luft riecht hier so anders. Warm, salzig, blumig. Und da ist noch etwas. Ein Geruch den ich liebe. Den ich, meiner Meinung nach, viel zu selten rieche. Chlor-Geruch!

Ist das möglich? Wir kommen am Busch vorbei und ich glaube ich träume: Eine so riesig-gigantisch-megatastische Poollandschaft hab ich ja noch nie gesehen!

Ein Babybecken – für mich jetzt nicht sooo spannend – zwei Whirlpools – das ist wohl Mamas Traum und dann ein wirklich fantastischer Hauptpool, von dem 5 Bäche abgehen. Über diese Bäche führen sogar Brücken, das musst du dir mal vorstellen. Und wenn man über diese geht, dann kommt man zum tieferen Teil des Pools. Und dort – jetzt halte dich fest, das glaubst du mir nie – sind drei Rutschen. Jaaa, du hast richtig gelesen. Nicht eine, nicht zwei, sondern gleich drei Rutschen. Eine kleine, eine mittlere und eine richtig hohe Rohrrutsche. Während ich noch um meine Fassung ringe, kreischt Johanna schon vor Vergnügen. Ich trau mich gar nicht, so wild vor Freude herumzuhüpfen wie sie, denn ich bin ja älter, da ist das ja peinlich, auch, wenn mir eigentlich gerade danach wäre.

Plötzlich raschelt es und Mama kommt am Busch vorbei. Grinsend hält sie unsere Badesachen in die Höhe und fragt: „Na, wer hat Lust auf eine Erfrischung?"

Komisch – plötzlich ist es mir nicht mehr peinlich. Nun muss auch ich hüpfen und jubeln. Ein Traumpool mit Traumrutschen und wir dürfen noch baden gehen, obwohl es schon dunkel und spät ist und der Sandmann in Deutschland ganz sicher schon aus ist. Ich hab doch wirklich Traumeltern. Und ich glaube, nach dem Schwarzwald wird dies nun ein neuer Traumurlaub!

Kapitel 8 – Henry wird Rutsch-Champion!

Bald ist er schon wieder vorbei unser Urlaub. Zwei Wochen sind wir nun schon hier, übermorgen machen wir uns auf den Heimweg. Und was soll ich sagen – obwohl es keine Kinderdisco gibt ist es hier einfach gigantisch. Zu Beginn waren sie ziemlich anstrengend, die Urlaubstage. Das Essen hier riecht und schmeckt ganz anders, als zuhause und viel lauter ist es auch, da hier um einiges mehr Menschen sind. Ich glaube alleine im Hotel wohnen mehr Leute, als in unserem Wohnort. Mama meint zwar, dass ich da wohl doch ziemlich übertreibe, doch es kam mir wirklich manchmal so vor. Mit der Zeit jedoch gewöhnte ich mich daran und unser Hotelzimmer ist mir nun so vertraut, dass es sich anfühlt, wie „nach-Hause-kommen" nach einem Ausflug ins Getümmel der Urlauber.

Was am ersten Abend begann wurde zum allabendlichen Ritual. Immer wenn wir brav und ohne Murren das Tages-Ausflug-Kultur-Bummel-und-Sachen-anguck-Programm mitgemacht haben, durften wir abends im Dunkeln noch zur Belohnung in den Pool. Und irgendwie durften wir das auch, wenn wir dennoch gemurrt haben, weil wir das Museum oder die Einkaufsmeile so langweilig gefunden hatten. Und es gibt wirklich fast nichts schöneres, als nach einem lauten, schwitzigen, hektischen Ausflugstag ins kühle Wasser zu springen, nach einem herrlich frischen „Pflatsch" mit dem Kopf unter Wasser zu tauchen und dort dann gar nichts mehr zu hören und einige Sekunden zu „schweben". Kennst du dieses Gefühl?

Im Urlaub sind Paps und Mama irgendwie weniger streng. Letzten Mittwoch sind wir sogar den ganzen Tag im Hotel geblieben. Mama lag mit einem Buch auf einer Liege, während Papa, Johanna und ich uns im Pool vergnügten. Ab und zu kam auch Mama ins Wasser, immer dann, wenn es ihr in der Sonne zu warm wurde.

Wenn du mich fragst, war der letzte Mittwoch der beste Tag des Urlaubs. Aber eigentlich war jeder Tag toll bis jetzt. Bis gestern Abend.

Denn da kam Samuel zum Pool. Samuel ist der Mann, der immer die Poolhandtücher verteilt. Wenn man zum Pool geht, dann holt man sich mit seiner Zimmerkarte ein Handtuch am Handtuchstand bei Samuel. Zu Beginn traute ich mich nicht so richtig, denn Samuel sieht irgendwie anders aus. Er hat ganz dunkle Haut. Natürlich weiß ich, dass es viele Menschen gibt, die dunkle Haut haben, unter anderem die aus Afrika. Doch zu wissen, dass es sie gibt und sie dann wirklich kennenzulernen sind zwei Paar Schuhe.

Als ich ihm zum ersten Mal begegnete, hatte ich sogar ein wenig Angst vor ihm. Aber Samuel ist richtig cool. Immer wenn ich mir ein Handtuch bei ihm hole, grinst er mich breit an, sodass seine blitzeweißen Zähne mich anstrahlen. Er sagt dann mit seiner lauten tiefen Stimme: „Hey, Henry-Checker! How are you?"

Papa hat mir erklärt, dass das er mich so fragt, wie es mir geht. Mittlerweile kann ich ihm auf englisch antworten: „Thank you, Samuel, I'm fine!". Danke Samuel, mir geht's gut. Johanna nennt er immer „Honey". Das heißt Honig, weil sie so süß ist. Mir gefällt es sehr, dass Samuel immer so locker ist. Und, dass er sich meinen Namen gemerkt hat. Und, dass er mir nicht böse ist, dass ich ihn am Anfang so ängstlich angeschaut habe.

Gestern Abend jedenfalls verließ Samuel zum ersten Mal das Handtuchhäuschen. Komisch, ich hätte schon fast schwören können, dass er darin auch übernachtet, weil ich ihn noch nie außerhalb gesehen hab. Er kam zu uns an die Rutsche. An die mittlere Rutsche, wo Johanna und ich gerade am plantschen waren. Er unterhielt sich mit Paps, doch ich konnte natürlich nicht verstehen, was er sagte. Doch an Papas Blick sah ich, dass es was Tolles sein musste.

Er übersetzte für mich: „Henry, stell dir vor: Samuel erzählt mir gerade, dass es hier im Hotel einen Rutschwettbewerb geben wird. Übermorgen. Aufgabe ist es, alle drei Rutschen in kürzester Zeit hinunterzudüsen. Samuel meint, dass du da sicher super Chancen hättest, denn er hat ja nun jeden Abend dein Talent gesehen."

Oh, oh. Da ist sie wieder: Eine Überraschung, die mir gar nicht gefällt. Was tu ich jetzt? Klar, das Rutschen macht mir Spaß, doch bei so nem Wettbewerb muss man ja gegen andere antreten. Und es wird sicherlich Zuschauer geben. Und ich glaub ja, dass die anderen bestimmt schneller sind beim Rutschen. Ich bin doch da gar nicht so gut! Die Zuschauer werden mich auslachen. Das ist ja  alles furchtbar peinlich. Jetzt wird mir auch klar, weshalb dieser andere Junge gar nicht mehr wegzubekommen ist, von den Rutschen und sein Papa immer mit der Uhr daneben steht. Die wussten bestimmt schon von dem Wettbewerb. Immer und immer wieder saust der Bub die Rutschen hoch und sein Vater feuert ihn an: „Leon, Leon, Leon, …" und sagt dann noch Dinge in einer Sprache, die ich nicht verstehe.

Papa sagte irgendwas zu Samuel, welcher daraufhin wieder pfeifend zurück zum Handtuchstand schlenderte. Samuel pfeift immer, wenn er nicht gerade redet. Und wenn er nicht pfeift, dann redet er gerade.

Nun meinte Paps: „Hör zu, Henry. Du musst bei diesem Wettbewerb nicht mitmachen, wenn du nicht möchtest. Man muss sich auch gar nicht dafür anmelden. Du rutscht jetzt einfach weiter, wie es dir gefällt und überlegst dir bis übermorgen, ob du mitmachst, oder lieber nicht. Okay? Spaßeshalber kann ich ja mal die Zeit messen, die du für jede Rutsche brauchst."

Mit diesem Vorschlag erklärte ich mich einverstanden. Wobei ich insgeheim davon überzeugt bin, dass das nichts für mich ist. Nun, wo ich seit gestern weiß, dass es morgen diese Veranstaltung gibt, versuche ich mal tatsächlich so schnell zu rutschen, wie ich kann.

Bei der kleinsten Rutsche ist das gar kein Problem. Das Prinzip hier ist recht einfach:

Je schwungvoller ich mich von der Haltestange abstoße, desto mehr Power bekomme ich. Papa misst mit seiner

Uhr eine Bestzeit von 4 Sekunden. Egal wie oft ich's versuche, schneller als 4 Sekunden werde ich einfach nicht. Johanna trainiert mit, obwohl ganz klar ist, dass sie beim Wettrutschen nicht mitmachen kann. Denn das ist erst ab 6 Jahren erlaubt. Sie ärgert sich kolossal, denn eigentlich ist sie ja schon fast 6 – es sind nur noch drei Wochen bis zu ihrem Geburtstag. Doch da hilft alles nichts - Regeln sind Regeln und nach diesen ist meine Schwester einfach zu jung. Doch dagegen, dass sie mittrainiert, spricht nichts.

Johanna kommt an meine 4 Sekunden nicht ran. Sie hat's einfach nicht raus, wie man oben an der Stange Schwung holt. Sie lässt sich eher in die Rutsche plumpsen. Lauthals lache ich sie aus, wenn sie ihren Platscher da oben macht. Doch, als ich sie „Platschepo!" nenne, ernte ich böse Blicke von Mama. Also nenne ich sie nur noch ganz leise „Platschepo", wenn Mama es nicht hören kann. Blöd nur, dass Johanna eine Petze ist. Und schwuppdiwupp bekomm ich Eis-Verbot. Hier bekommen wir nämlich jeden Tag ein Eis zum Nachtisch. Das würde meinen Eltern zuhause nicht im Traum einfallen. Aber hier sind wir ja im Urlaub. Blöd nun, dass ich heute keines mehr bekommen werde. Gelohnt hat es sich dennoch, denn mir gefällt mein neu erfundenes Ärger-Wort

„Platschepo" ausgesprochen gut. Ich weiß, dass das gemein ist, doch ich fühle mich gerade einfach so überlegen, und da sie es gleich Mama erzählt hat, kann ich jetzt auch nicht klein beigeben.

Auf alle Fälle bin ich beim Geschwindigkeitsrutschen auf der kleinsten Rutsche gegenüber meiner Platschepo-Schwester unangefochten auf Platz 1. Ich bin mir nur nicht sicher, wie schnell dieser fremde Leon hier wohl ist. Da muss ich mal drauf achten, wenn er wieder dran ist. Also ziehen wir weiter zur mittelhohen Rutsche. Zuerst versuche ich es mit meinem Beschleunigungstrick von der kleinen Rutsche. Nun ist die mittlere jedoch anders gebaut. Man rutscht auf ihr nicht nur steil hinunter. Sie hat in der Mitte eine Art Welle. Papa nennt die Welle „Hubbel", das find ich lustig. Nicht so lustig wie mein neues Wort, doch für die Worterfindung eines Papas nicht schlecht.

Jedenfalls klaut dieser Hubbel ordentlich an Zeit. Denn man wird kurz ausgebremst, und du kannst dir ja denken, dass es beim Wettrutschen auf jede Sekunde ankommt. Ich versuche es zunächst im Sitzen. Und bin unheimlich lahm. Also versuche ich es auf dem Bauch. Wuhuuuu, das ist ja ein schreckliches Gefühl. Das drückt total, wenn man über den Hubbel kommt. Dann bleibt also noch die

Rückenlage. Die ist ja noch schlimmer! Wenn ich nach der Welle wieder lande, haue ich mir den Kopf an. Es ist zum heulen. Ich hab gar keine Lust mehr.

11,5 Sekunden. Das ist ja Schneckentempo. Und weh getan hab ich mir auch. Was für ein blöder Tag.

Und Samuels Grinsen von drüben vom Handtuchstand gefällt mir heut auch nicht mehr. Am meisten trifft mein Zorn jetzt Johanna!

Ihr ist die Zeit mittlerweile völlig egal. Sie rutscht und rutscht und hat Spaß und quietscht ihr sorgloses Mädchen-Freude-Gequietsche. Während ich mir wehgetan

hab und überhaupt nicht schneller werde. Sogar Leon, der am Rande des Pools gerade eine Pause eingelegt hat grinst. Lacht er mich etwa aus?

Meine Stimmung ist am Nullpunkt, keinen kann ich jetzt mehr leiden. Und damit stecke ich Papa wohl an. Denn der ist plötzlich auch motzig. Ich würde mich anstellen meint er. Das könne doch wohl jetzt nicht so schlimm gewesen sein. So sehr ich's versuche, ich kann mir die Tränen nicht verkneifen. Ich tu so, als ob nichts wäre und laufe zu Mama, die sich unterm Sonnenschirm auf einer Liege ausgestreckt hat und mal wieder mit der Nase in einem Buch steckt.

Mama nimmt mich in den Arm und tröstet mich. Als ich mich wieder beruhigt habe, erkläre ich ihr mein Dilemma. Da meint sie nach kurzem Grübeln: „Ich hab eine Idee! Warte hier, ich bin gleich wieder da!" Schnell flitzt sie barfuß über den heißen Steinboden und verschwindet in der Hotelanlage. Als sie ein paar Minuten später wieder auftaucht, hat sie meine alte Badehose in der Hand. Die trage ich schon lange nicht mehr, wir haben sie nur als Notfall-Ersatz-Badehose dabei – was auch immer ein Badehosennotfall sein soll. Verständnislos schau ich sie an. Was soll ich jetzt damit anfangen?

Mama erklärt ihren Plan: Meine neue Badeshort ist zwar schick und cool, doch sie besteht schon aus arg viel Stoff und wirft wohl Falten beim Rutschen. Die alte jedoch ist wie eine klassische Unterhose geschnitten. Wenig Stoff, eng anliegend – okaaay und mit peinlichem Piratenkapitänsaufdruck. Das fand ich vor ewigen Zeiten mal toll, das ist bestimmt schon ein ganzes Jahr her! Aber Mama meint, dass ich mit dieser alten Badehose ganz sicher ne Sekunde einsparen kann. Am Pool ist ja keiner aus meiner Klasse, der mich auslacht, wenn auf meinem Hintern das Bild eines Schiffsankers prangt, dann will ich das doch jetzt mal versuchen.

Ich düse in die Umkleide und komme umgezogen wieder raus. Schnell schiele ich noch zu diesem Leon hinüber, ob der mich nun etwa komisch anschaut, doch der hat meinen Klamottenwechsel gar nicht mitbekommen.

Außerdem scheint er selbst gerade nicht sehr glücklich. Erschöpft klettert er zum tausendsten Mal die große Rutsche hinauf, während sein Vater ihm immer wütender Worte entgegenbrüllt, die ich nicht verstehe.

Schnell die Leiter zur mittleren Rutsche hinauf, denn nun geniere ich mich auch vor meiner Familie in dieser Baby-Badehose. Anlauf, Anschwung an der Stange und – huiiii – ich düse in Lichtgeschwindigkeit die Rutsche mitsamt dem Hubbel hinunter. Papa empfängt mich grinsend: 11 Sekunden! Zwar keine ganze, aber immerhin ne halbe Sekunde hab ich gewonnen. Schubidu – ich bin wieder im Rennen.

Hochmotiviert wage ich mich nun an die größte Herausforderung: Die Rohrrutsche. Dazu muss ich sagen, dass ich mich die ersten drei Urlaubstage erst gar nicht getraut hatte diese überhaupt zu rutschen. Erst als ich gesehen hatte, dass Johanna sich zunächst auf Papas Schoß, später sogar alleine traute, dachte ich, ich versuch es auch mal. Mittlerweile kann ich mir nichts Schöneres mehr vorstellen, als das hinunterdüsen, mich in die Kurven legen und dann mit einem ordentlichen Pflatsch ins kühle Wasser zu schmeißen. Ich bin mir ganz sicher, dass es keine coolere Rutsche gibt, als diese! Und ich muss zugeben, dass ich diesen Spaß ohne Johanna gar nicht gehabt hätte, denn sie hat sich zuerst getraut.

Bei meinem ersten Durchgang erreiche ich 19,5 Sekunden. Keine Ahnung ob das gut ist, ich versuch's noch mal. Dieses Mal lege ich mich besser in die Kurven und versuche mit so wenig Haut wie nur möglich den Boden der Rutsche zu berühren. Und dieser Trick wird mit Erfolg belohnt: Eine ganze Sekunde weniger dauert meine Abfahrt. Papa und Mama jubeln begeistert am Beckenrand. Johanna nicht, die ist mir einfach hintergerutscht und landet fast auf mir drauf. Böse zische ich ihr zu: „Platschepo!" Hab ja nun nichts mehr zu verlieren, mein Eis wurde ja schon gestrichen. Immerhin petzt sie nicht, sie weiß wohl selber, dass das jetzt richtig gemein war. Verlegen entschuldigt sie sich.

Nach weiteren fünf Versuchen hab ich meine Bestzeiten: Auf der kleinen Rutsche 4 Sekunden, auf der mittleren 11 Sekunden und auf der Rohrrutsche immerhin stolze 18 Sekunden. Wobei ich die nur einmal schaffe. Aber egal, ich hab ja Zeugen. Insgesamt also habe ich einen Score von 33 Sekunden.

Langsam werde ich nun aber müde. Meine Eltern beenden das „Training" für heute, denn auch Papa zieht es nun zu den Liegen. Johanna und ich beschließen nun einfach nur noch zum Spaß zu Plantschen. Auch Leon sitzt nun am Beckenrand und lässt die Füße ins Wasser baumeln. „What's your name?" fragt er uns. „Ich heiße Henry, und das ist Johanna" rutscht es mir heraus. Ich habe ganz vergessen, englisch zu sprechen. Doch das ist kein Problem. Denn Leon spricht auch deutsch. Wenn auch auf eine lustige Art und Weise. „Ich komme aus Holland, dort lernen wir auch deutsch". Das ist ja spannend. „Machst du morgen auch mit, beim Rutsch-Wettbewerb?" fragt er mich. „Ich bin mir noch nicht sicher, ich glaube eher nicht." Erwidere ich ehrlich. „Ich mache auf alle Fälle mit," sagt Leon. „Ich habe das meinem Vater versprochen, und ihm ist das wichtig. Er war selbst einmal ein Profi-Schwimmer und nun freut er sich, wenn auch ich Wettbewerbe gewinne. Ich hoffe nur, dass mir das morgen dann auch gelingt, denn ich möchte ihn nicht enttäuschen."

Nun verstehe ich, weshalb die beiden so hart trainiert haben heute. Irgendwie tut mir Leon leid. Aber dann fällt mir wieder ein, dass er mich ja vorhin ausgelacht hat, und schon ist's vorbei mit meinem Mitleid. „Ich fand das fies, dass du gelacht hast, als ich mir den Kopf an der Hubbel-Rutsche gestoßen hatte!"

„Hubbel-Rutsche?" lacht Leon. „Dieses Wort habe ich noch nicht gelernt, das klingt ja lustig". Ich kann nicht anders und muss mitlachen. Und auch Johanna stimmt mit ein. Zu dritt stehen wir am Beckenrand und kringeln uns vor Lachen über Papas Worterfindung. „Es tut mir leid, das mit dem Lachen vorhin. Aber ich konnte es mir nicht verkneifen, denn du sahst so herrlich wütend aus." Hmmh, gut finde ich das immer noch nicht, doch irgendwie kann ich es verstehen. Auch ich lache ja manchmal über andere, wenn ihnen was Lustiges passiert. Und diesen Leon, den find ich mittlerweile richtig nett. Sein Lachen ist ansteckend, und ich mag es, wie er spricht.

Es ist nun spät geworden und wir möchten noch in die Pizzeria essen gehen. Es ist unser vorletzter Tag hier. Morgen dann der letzte – und der Tag des Rutschwettbewerbes. Schade eigentlich.

Beim Abendessen fragt mich Papa, ob ich denn nun teilnehmen möchte morgen. „Nein!" sage ich entschlossen. Das weiß ich ganz sicher. Nie und nimmer, nie im Leben und auf gar keinen Fall werde ich da teilnehmen. Daran gibt's nichts zu rütteln, da kann meine Familie machen, was sie will. „Wie du meinst, aber schade ist es schon, denn du bist richtig, richtig gut!" meint Papa. „Dann nehmen wir halt nur als Zuschauer teil!"

Am nächsten Tag ist es soweit. Schon gleich nach dem Frühstück startet der Wettkampf. Niemand drängelt mich mehr mitzumachen. Nur Samuel schaut immer wieder fragend zu mir hinüber von seinem Handtuchstand aus. Ich guck immer schnell weg, wenn ich seinen Blick bemerke. Er würde es ja doch nicht verstehen.

In meiner Altersklasse treten 5 Kinder gegeneinander an. Vier Jungs und ein Mädchen. Drei der Jungs sind grottenschlecht, das sehe ich schon beim ersten Durchgang. Da wäre ja Johanna mit ihren 5 Jahren schneller! Unglaublich. Doch Leon mit der Startnummer 4 ist ziemlich gut, ebenso wie das Mädchen. Nach drei Rutschversuchen wird die Bestzeit bekannt gegeben: Leon hat 4 Sekunden, das Mädchen 4,5. Ich kann das gar nicht glauben! Die sind ja gar nicht besser, als ich.

Weiter geht es zur nächsten Rutsche: Auch hier glänzen wieder die beiden Top-Rutscher von eben. Und auch hier gibt es drei Versuche. Im zweiten Durchgang sehe ich, wie sich das Mädchen am Rutschenausgang den Hinterkopf hält. Oha, da hat wohl noch jemand versucht die Herausforderung in Rückenlage zu bewältigen!

Die Ergebnisse werden bekannt gegeben. Mein neuer Freund Leon wurde an der Hubbelrutsche vom Mädchen besiegt: Sie hat 9,5 Sekunden gebraucht, er jedoch 10. Was für ein spannender Wettkampf! Finale! Die Rohrrutsche!!!! Man sieht den Zuschauern förmlich an, wie sie mitbibbern. Wer wird wohl siegen? Der erste Rutschversuch beschert beiden die gleiche Zeit: 19,5 Sekunden. Beinahe falle ich von meinem Liegestuhl! Da war ich ja viel besser!!! Der zweite Rutschversuch: Leon erzielt 19 Sekunden, das Mädchen verschlechtert sich auf 20. Nun hält mich nichts mehr, ich muss aufstehen, so aufgeregt wie ich bin. Die Runde drei wird gestartet: Wieder verbessert sich der junge holländische Urlauber: In sage und schreibe 18,5 Sekunden kommt er die Kurven heruntergesaust. Nun kommt die letzte Kandidatin mit ihrem letzten Versuch. Ich kann mir richtig vorstellen, wie zittrig ihre Knie nun sein müssen, wie stark es in ihrem Bauch kribbelt. Es kribbelt sogar in meinem eigenen, und dabei mach ich ja gar nicht mit. Sie ist wieder ein bisschen schneller unterwegs, doch mit zum zweiten Mal 19 Sekunden kann sie den anderen Finalisten nicht mehr toppen.

Der Gewinner steht fest: Der Flitzerutscher Leon gewinnt mit 32,5 Sekunden. Platz zwei geht an das Mädchen mit immerhin 34,0 Sekunden. Tosender Applaus geht durch die Zuschauerreihen.

Kein einziger Kandidat ist ausgelacht worden und außer dem Sieger des Wettkampfes war keiner besser als ich. Kannst du dir vorstellen, wie sehr ich mich ärgere? Jetzt, wo ich weiß, dass ich mit meinen 33 Sekunden auf Platz zwei gelandet wäre? Dass der Applaus mir gegolten hätte? Dass ich nun eine  tolle Urkunde überreicht bekäme? Natürlich freue ich mich für Leon, er ist ja nun schließlich seit gestern kein Fremder für mich. Aber wirklich mildern tut dies meinen Groll auf mich selbst nicht.

Papa schaut mich schräg von der Seite an. Ich glaube, er sieht, wie es mir geht. Er klopft mir auf die Schulter und meint: „Klar, dass es dich nun ärgert. Aber vielleicht glaubst du uns nun nächstes Mal, wenn wir dir sagen, dass du super bist! Und selbst, wenn du es nicht wärst: Du konntest jetzt sehen, dass kein einziges Kind hier ausgelacht wurde!" Hmmh, vielleicht denke ich über seine Worte nach. Aber erst wenn mein Ärger wieder weg ist.

Die Poollandschaft leert sich wieder und auch wir gehen auf unser Zimmer. Denn wir müssen nun packen. Mama möchte auch noch einmal in die Stadt, sie braucht noch ein paar Mitbringsel.

Meine Laune ist nicht die beste. Ich ärgere mich. Und dieses Mal nicht über Johanna, Papa, Mama oder sonst wen. Sondern über mich selbst.

Ist es das, was Mama meint, wenn sie manchmal zu mir sagt, dass ich mir selbst im Weg stehe? Sämtliche Aufmunterungsversuche meiner Familie schlagen fehl. Still begleite ich die drei durch die Stadt, die Souvenirläden, ins Restaurant und zurück zum Hotel.

Dort treffe ich Leon. Jetzt erst komme ich dazu, ihm zu seinem Sieg zu gratulieren. Sein Vater steht neben ihm und strahlt stolz. Wie gut, dass mein Papa auch stolz auf mich ist, ohne dass ich Wettbewerbe gewinne. „Sehen wir uns heute Abend noch mal? Denn morgen reisen wir ab." Frage ich Leon. „Nein, ich glaube nicht. Denn wir gehen heute Abend aus, meinen Sieg feiern." Also verabschiede ich mich von ihm. Schade, dass wir uns hier erst so kurz vor Urlaubsende kennengelernt haben.

Am Abend wollen wir noch ein letztes Mal an den Pool. Selbst das kann mich nicht aufheitern, doch was soll's.

Gemeinsam gehen wir zum Handtuchstand. Dort steht Samuel, grinst uns an und hört auf zu pfeifen. Also spricht er, Papa übersetzt für mich.

„Hey, Henry-Checker!" sagt er an mich gewandt. „Schade, dass du nicht mitgemacht hast, heute. Doch ich habe deine Rekorde gestern gesehen, und für mich bist du der wahre Rutsch-Champion". Während er das sagt, hängt er mir eine Kette um den Hals. An der Kette aus Bast hängt ein Papp-Bierdeckel. Darauf ist Hotelwerbung.

Verständnislos schau ich ihm in sein grinsendes Gesicht. Dann dreht er den Bierdeckel um, der vor meiner Brust baumelt.

In dicker schwarzer Schrift steht darauf: „Henry #1". Paps erklärt, dass das heißt, dass ich die Nummer eins bin!

Ich freue mich riesig!!!!! Eine solche Medaille hat keiner bekommen beim Wettbewerb! Und schon gar nicht von so einem coolen Typen, wie Samuel. Die kommt ganz sicher an die Wand hinter meinem Bett!

Schüchtern bedanke ich mich mit „Thank you!" bei Samuel und glücklich schmeiße ich mich in meine geliebte Rohrrutsche. Ich fühle mich mit Haut und Haaren als Rutsch-Champion und nehme mir ganz fest vor, dass ich mich beim nächsten Wettbewerb trauen werde, mitzumachen.

Kapitel 9 – Das Gedankenkarussell

Seit drei Tagen sind wir nun schon vom Urlaub zurück. Knackebraun ist unsere Haut noch und irgendwie sind meine Haare blonder, als vor dem Urlaub. Die Haare von Johanna haben einen grünlichen Schimmer. Das kommt vom Chlor aus dem Pool. Zuerst zog ich sie damit auf, doch als sie weinte wurde mir klar, dass das ganz schön gemein ist, denn es hätten ja auch meine Haare sein können. Also behaupte ich einfach, dass das wirklich cool aussieht, wie die farbigen Strähnen, die uns die Friseurin immer zu Belohnung für's stillsitzen macht. Dann braucht sie sich auch nicht so komisch vorkommen, als einziges Mädchen mit grünen Haaren im Ort.

Ich hab's dir ja schon erzählt – wir hatten einen Traumurlaub. Auch wenn ich mich noch immer ein bissel ärgere, dass ich es nicht gewagt habe, beim Rutschwettbewerb mitzumachen. Dann kam auch schon der Tag der Abreise. Wieder absolvierten wir sämtliche Prozeduren am Flughafen.

Als wir uns zur Taschenkontrolle anstellten, stand eine deutsche Familie neben uns. Der ungefähr fünfjährige Sohn klammerte sich an das Bein seiner Mama, während sein Vater ungeduldig auf ihn ein redete. Es war mir gleich sonnenklar, wie es dem Jungen ging. Ich nahm all meinen Mut zusammen und sprach ihn an, obwohl damit natürlich alle Blicke auf mich gelenkt wurden. „Hallo, ich bin Henry, wer bist denn du?" „Ich heiße Tino" antwortete er mir heftig schluchzend. „Was ist denn los mit dir, hast du Angst vor diesem Piepsetunnel, durch den du laufen musst? Da kann ich dich beruhigen, der ist gar nicht schlimm!" „Ja, aber ich will da auf keinen Fall ohne meine Gitta-Schlange durch. Die muss immer bei mir sein, und mein Papa hat die nun aber in den Koffer gepackt. Ohne meine Gitta trau ich mich nicht durch!" Sein Papa schnaubte ungeduldig und auch Tino's Mama wirkte schon reichlich nervös.

Kurz entschlossen drückte ich Tino meinen eigenen Plüschbegleiter in die Hand. „Der hat mich schon oft beschützt, jetzt soll er dir durch den Piepsetunnel helfen. Aber auf der anderen Seite gibst du ihn mir bitte wieder, ja?" Tino zögerte, nahm dann mein Angebot aber an. Es war komisch für mich, mein Kuscheltier einfach weiterzugeben, doch ganz offensichtlich war Tino kleiner und ängstlicher, da wollte ich ihm helfen. Tapfer passierte Tino mit seinen Eltern die Kontrolle. Als er mir auf der anderen Seite mein Kuscheltier zurück gab, waren seine Tränen schon wieder getrocknet.

Auf dem Rückflug fühlte ich mich schon viel sicherer. Ich kannte mich ja nun aus in so einem Flugzeug. Dieses Mal saß ich neben Papa und Johanna neben Mama. In Frankfurt erwartete uns schon Oma. Wild winkend stand sie da und fiel uns um den Hals vor Freude, uns wieder zu sehen. Sie freute sich riesig über die Muscheln, die Johanna und ich für sie gesammelt hatten.

Ja, und nun ist es soweit. Die Ferien sind vorbei. Morgen geht die Schule wieder los. Und gleichzeitig ein neues Schuljahr. Denn nun komme ich in die dritte Klasse. Johannas Einschulung ist erst in einer Woche. Sie freut sich schon drauf. Verrückt. Wie kann man sich auf die Schule freuen. Wenn die wüsste!!!

Als wäre es gestern gewesen, kann ich noch das Flattern im Bauch spüren, als ich eingeschult wurde. All die anderen Kinder haben so glücklich und stolz gewirkt mit ihren Schultüten. Es kam mir vor, als ob ich der einzige gewesen wäre, der sich nicht wirklich freute sondern am liebsten zuhause geblieben wäre.

Aber ich freu mich, dass Johanna und ich dann wieder zusammen sind. Zumindest in den Pausen.

Jetzt liege ich im Bett, Johanna schnarcht friedlich auf der anderen Seite des Zimmers. Im Halbdunkeln sehe ich meine Bierdeckelmedaille von Samuel an der Wand hängen. Ach, könnte ich nur die Zeit zurückdrehen. Im Urlaub hab ich noch gar nicht an die Schule gedacht. Da war alles schön! Nun trifft mich die Realität knallhart. Morgen geht's wieder los.

Einerseits freue ich mich auf all meine Freunde und Klassenkameraden. Aber da ist nicht nur die Freude. Ich bin auch unheimlich nervös. Woher kommt das nur? Weil ich sie nun schon lange nicht mehr gesehen habe? Sind sie noch meine Freunde? Ich meine, ich mag sie schon noch. Aber es ist komisch, sie nach sechs Wochen wieder zu sehen. Denn auch sie waren im Urlaub.

Und dann der Unterricht! Ob ich noch alles weiß, was ich vor den Ferien gelernt habe? Ich war ja da schon nicht so gut im Mal-nehmen. Jetzt kann ich es bestimmt gar nicht mehr. Warte, lass mich nachdenken..... 7 mal 7. War das jetzt 42 oder 49? Puh, ich sag doch, ich weiß es nicht mehr. Werden wir wohl gleich am ersten Tag Mathe machen? Oder eher Deutsch? In Deutsch bin ich gut. Zumindest war ich das vor den Ferien. Bin ich's jetzt noch?

Ich habe das Gefühl, dass meine Brust sich zuschnürt. Kennst du das? Wenn man so doll Angst bekommt, dass es schwerer wird zu atmen? Ich muss jetzt unbedingt mit jemandem reden. Schnell trample ich vor zum Klo. Ja, du hast richtig gelesen. Ich trample. Denn dann hören mich

Paps und Mama und einer von beiden kommt hoch und fragt, was los ist. Hoffentlich der Elternteil mit der besseren Laune!

Ich höre Schritte auf der Treppe. Mama kommt hoch.

„Henry, was ist denn los? Warum schläfst du nicht? Es ist spät und morgen musst du wieder früh raus."

Erst weiß ich gar nicht, wie ich es ihr erklären soll. Doch dann sag ich es einfach, wie's aus meinem Kopf kommt: „Mama, ich habe irgendwie Angst, meine Freunde wieder zu treffen. Es ist so lange her, dass wir uns gesehen haben! Und weißt du noch, damals nach den Osterferien hatte Pit für eine Weile einen anderen besten Freund, nur weil die beiden in der freien Zeit öfters gemeinsam auf dem Spielplatz waren. Außerdem ist mir ganz mulmig wegen dem Unterricht. Vielleicht habe ich das Rechnen und Schreiben verlernt."

„Quatsch!" sagt sie. „Am ersten Tag wird sowieso nichts gelernt. Ihr werdet euch von euren Ferienerlebnissen erzählen, euch der neuen Lehrerin vorstellen, euren Stundenplan bekommen und schwuppdiwupp ist der Schultag schon rum! Und was deine Freunde betrifft: Ich bin mir ganz sicher, dass sie dich noch genauso sehr mögen wie vor den Ferien. Verabrede dich doch gleich für den Mittag mit ihnen zum Spielen. Du wirst sehen – spätestens dann wird alles wieder so sein wie zuvor. So, nun aber ins Bett mit dir! Denk an was Schönes, dann schläfst du bestimmt gleich ein!".

Langsam trotte ich zurück ins Zimmer, vorbei an der schlafenden Johanna und wieder in mein Bett. Was hat Mama noch gleich gesagt? Wir stellen uns unserer neuen Lehrerin vor?

Ach du meine Güte! Stimmt ja. Wir bekommen ja eine neue Lehrerin für die nächsten zwei Jahre. Wer wird das wohl sein? Frau Kandetzki? Oder doch die Frau Eichhorn? Mir wäre ja die Frau Kandetzki lieber. Die ist immer total lieb und lacht ganz arg viel. Ich glaube, die Frau Eichhorn ist strenger. Als die vor den Ferien mal die Pausenaufsicht hatte, hab ich mitbekommen, wie sie ganz doll mit Emilia aus der 2 a geschimpft hat. Obwohl es mich nicht direkt betroffen hatte, konnte ich richtig spüren wie mein Hals trocken wurde.

Emilia tat mir so leid. Es ist sicher ein ganz schreckliches Gefühl, wenn man vor allen anderen so laute Schimpfe bekommt. Und unfair ist es noch dazu. Das bekommt ja jeder mit und gerade in der großen Spielpause sind ja alle Schüler auf dem Hof versammelt.

Keine Ahnung, was die Zweitklässlerin getan hat, doch Frau Eichhorn hat richtig böse geschimpft. Was, wenn nun die nun meine Klassenlehrerin wird? Und vielleicht doch gleich schon am ersten Tag Mathe macht? Und ich dann nicht gut im Rechnen bin? Schimpft sie mit mir dann genau so? Nein, ich kann auf gar keinen Fall morgen in die Schule gehen! Soviel steht fest! Am besten sage ich es gleich Mama, damit die Bescheid weiß. Ich trample schnell wieder vor, Richtung Klo.

Langsam zähle ich vor mich hin. Als ich bei zehn angelangt bin, höre ich wieder Schritte auf der Treppe. Doch dieses Mal ist es Papa, der hoch kommt.

„Henry, was ist los? Du warst doch gerade erst auf dem Klo! Und Mama hat dir doch schon erklärt, dass du dir wegen Mathe und Deutsch keine Sorgen machen brauchst!". Bevor er weiter reden kann unterbreche ich ihn.

Ich erzähle ihm eindringlich von dem Schulhofvorfall mit Frau Eichhorn. „Papa, kannst du dir vorstellen wie fürchterlich das wäre, wenn sie meine neue Lehrerin wird? Für zwei ganze Jahre? Wenn die Frau Eichhorn ein Kind anschreit, dann tut sie das noch viel lauter als unser Nachbar, der immer so fürchterlich auf seinen Hund einbrüllt, nur weil dieser bellt. Wenn er das tut, dann kann ich mir immer die Ohren zuhalten und wenn er es nicht merkt dem Hundchen zum Trost ein Stück Wurst zustecken. Mich bellt es nämlich nie an. Denn es weiß genau, dass ich gut zu ihm bin. Wenn ich nur etwas größer und mutiger wäre, dann würde ich dem Nachbarn das Hundchen wegnehmen. Ich kann immer gar nicht ertragen zu sehen, wie bös' er es anschreit.

Wenn nun aber Frau Eichhorn mal mit mir so schreit, dann kann ich das nicht tun, wie sähe das denn aus, wenn ich mir dann die Ohren zuhalte?"

„Sie wird schon nicht so schlimm sein, Henry! Wahrscheinlich hat die Emilia was Übles ausgefressen, wenn sie solchen Ärger bekommen hat. Das weißt du ja gar nicht. Ich glaube nicht, dass Frau Eichhorn so verkehrt ist, auf mich hat sie immer einen freundlichen Eindruck gemacht. Und außerdem kannst du auch noch gar nicht sagen, dass sie es ist, die deine Klasse übernimmt. Vielleicht ist es auch die Frau Kandetzki. Morgen früh wirst du's wissen!" Der letzte Satz klingt endgültig. Papa sagt ihn in einem Ton, der mir ganz klar zeigt, dass er jetzt nicht mehr weiter mit mir diskutieren will. Also schlucke ich, gebe ihm einen weiteren Gute-Nacht-Bussi und mach mich auf den Rückzug in mein Bett.

Emilia soll etwas Schlimmes gemacht haben, denkt Papa? Hmmh, vielleicht hat er recht?! Die ist schon manchmal ganz schön frech, die Emilia. Und zickig. Ich sollte wohl vorsichtig sein, wenn ich ihr auf dem Schulhof begegne. Denn so dolle wie die Ärger bekommen hat von der Frau Eichhorn, muss es ja richtig, richtig schlimm gewesen sein, was sie da angestellt hat. Vielleicht hat sie ja jemanden gehauen?

Das wäre ja schrecklich. Aber wirklich vorstellen kann ich mir das nicht. Außerdem dürfte sie dann trotzdem nicht angeschrien werden, denn Anschreien ist immer gemein. Und Lehrer dürfen doch gar nicht gemein sein, oder? Mich hat in der Schule noch keiner gehauen, doch geschubst wurde ich schon. Gleich in der ersten Woche der ersten Klasse. Nico war das gewesen. Der ist ja ab morgen schon Viertklässler!

Sind Viertklässler nicht besonders stark? Vielleicht schubst er mich ja wieder? Am liebsten würde ich jetzt losheulen. Ach, weißt du was, ich tu's einfach. Ich fühl mich miserabel. Die Tränen kommen von ganz alleine, doch nun muss ich mich wenigstens nicht mehr anstrengen, sie zu unterdrücken. Es gibt nichts, aber auch gar nichts, auf das ich mich morgen freuen kann. Ich muss an so viele Sachen denken und es kommen immer mehr dazu! Ich weiß ganz genau, dass das bei Pit nicht so ist.

Der schläft bestimmt schon längst tief und fest, wie meine Schwester Johanna. Auch Dana muss sich sicherlich nur hinlegen, die Augen zumachen und schwuppdiwupp schläft sie ein.

Ich habe das Gefühl, dass da ein Karussell in meinem Kopf ist. Ein Gedankenkarussell. Das einfach nicht aufhören will, sich zu drehen. Laufend kommt etwas Neues dazu und dadurch dreht es sich noch schneller. Und dabei bin ich doch so müde. Ich weiß schon gar nicht mehr, wie ich liegen soll. Und warm ist mir auch.

Plötzlich geht die Türe auf. Papa kommt rein. „Henry?" flüstert er fragend ins Zimmer. „Henry, wir gehen jetzt ins Bett und ich wollte sicher sein, dass nun auch schon eingeschlafen bist. Warum weinst du denn jetzt?"

Meistens ist es so, dass ich denke, dass Papa mich nicht richtig versteht. Er hat auch nie Probleme einzuschlafen. Der schläft sogar manchmal auf dem Sofa ein, wenn er mit uns nen Kinderfilm schaut. Unvorstellbar, nicht wahr? Paps kann's. Augen zu und losschnarchen. Ein Gedankenkarussell, wie ich eines habe, das kennt er nicht, da war ich mir immer sicher.

Doch heute ist es anders. Ich habe das Gefühl, dass er mich versteht. Lange quassele ich auf ihn ein, versuche ihm zu erklären, weshalb mich all diese Dinge nervös machen und dass ich sauer bin, dass alle schlafen können, nur ich nicht. „Papa, das ist wie ein Karussell in meinem

Kopf. Mir fallen immer mehr Dinge ein und ich kann nicht aufhören, darüber nachzudenken. Dann fängt mein Bauch an zu kribbeln, es ist mir mal zu warm, dann wieder zu kalt. Und es erscheint mir sogar schwierig, die Augen überhaupt geschlossen zu halten. Je mehr ich versuche an nichts zu denken, desto mehr fällt mir ein."

Als ich mit meinen Erklärungen am Ende angelangt bin schaut er mich nachdenklich an. Dann steht er auf und geht raus. Hä? Warum tut er das? Doch er kommt wieder zurück. In der einen Hand hält er einen Schuhkarton, in der anderen eine Rolle Klebeband. Was will er denn damit? Er erklärt es mir: „In diesen Karton sprichst du nun all deine Sorgen rein! Nein, Henry, da brauchst du jetzt nicht so komisch gucken und das muss dir auch nicht peinlich sein. Denn das hab ich als Junge auch schon gemacht. Glaub mir, es funktioniert!"

Okay. Es kommt mir zwar echt albern vor, doch mittlerweile will ich nur noch schlafen und nicht mehr an morgen denken müssen. Also flüstere ich alle Gedanken nochmal in diesen Schuhkarton. Zu Beginn komme ich mir total komisch vor, doch an dem Punkt, wo ich die Geschichte von der bedauernswerten Emilia erzähle sprudeln die Worte, also die Gedanken aus meinem Kopfkarussell gerade so aus mir heraus. Als ich fertig bin, nimmt

Papa den Deckel, macht ihn drauf und wickelt bestimmt 5 Lagen Klebeband drumrum. „So, da kommt keine einzige Sorge mehr raus, da bin ich mir sicher!" Er trägt den Karton aus dem Kinderzimmer. Als er wieder reinkommt, fängt er an in den Spielzeugkisten von Johanna und mir zu wühlen. Ja ist er denn jetzt völlig übergeschnappt? Mitten in der Nacht? Als er gefunden hat, was er sucht, kommt er wieder zu mir.

Die Arme voller Kuscheltiere. Und das sind richtig viele, denn Papas Arme sind groß und stark, musst du wissen. Einen Elefanten, einen Bären, den großen Löwen, zwei Schlangen, ein rosa Glitzereinhorn von Johanna, den blauen Frosch im Schlafanzug, meinen alten Plüsch-Spiderman, das kleine Meerschweinchen, unsere beiden Osterhasen und sogar den batteriebetriebenen Hund sehe ich. Sorgfältig stellt er alle Kuscheltiere vor meinem Bett und rund um mein Bett auf.

„So, fertig!" meint er stolz. Ich schaue ihn an, als wäre er ein Außerirdischer. Doch dann erklärt er es mir:

„Henry, wir haben jetzt alle Gedanken deines Gedankenkarussells ist den Karton gepackt und weggestellt. Die können da nicht mehr raus, das Klebeband wird halten. Und weil ich dich kenne und weiß, dass du gleich wieder neue Sorgen haben wirst, habe ich dir jetzt das aufgebaut, was mich selbst als Kind immer ganz zuverlässig vor Ängsten, Kummer und Sorgen bewahrt hat: Eine mächtige Kuscheltierarmee! Sie stehen dicht an dicht um dich herum, da kommt keine Sorge mehr durch, und wenn sie noch so stark ist!"

Nun bin ich baff! Auch mein Papa kennt Sorgen und Ängste? Mein großer, starker Paps, den nix und niemand aus der Ruhe bringt? Auch er konnte als Kind manchmal nicht einschlafen?

Die Idee mit der Schachtel und der Kuscheltierarmee finde ich super. Zum Dank drücke ich Paps, so fest ich kann. Er drückt mich zurück. Natürlich nicht so fest, wie er kann, denn dann würde er mich ja platt machen, so stark wie er ist. Ich lege mich hin, Papa küsst meine Stirn, flüstert leise „Gute Nacht, mein Schatz. Ich liebe dich!" und geht raus.

Hmmh. Nun ist es wieder dunkel. Und ruhig. Nichtmal mehr den Fernseher von unten kann ich hören. Doch irgendwie fühle ich mich gut. Befreit. Alles, was ich in meinem Kopf hatte, durfte ich aussprechen. Ob Paps meine Gedankengänge verstanden hat, kann ich nicht sagen, doch er hat mich ernst genommen. Und er hat mir geholfen. Leicht fühle ich mich jetzt. Mein Kopf tut nicht mehr weh. Meine Augen fallen zu. Und ich träume von blauen Fröschen in Schlafanzügen, die auf Glitzereinhörnern reiten und böse, hässliche Sorgen von schnellen Karussells schubsen.

Kapitel 10 – Henry verabschiedet sich in ein neues Schuljahr

Selbstverständlich wurde der erste Tag in der dritten Klasse überhaupt nicht schlimm. Auch, wenn ich erst dachte, dass ich das Kribbeln im Bauch gleich nicht mehr aushalten würde, als Mama mich zur Schule brachte.

Pit und Dana begrüßten mich fröhlich und wenn ich das richtig gedeutet habe, dann hätte Dana mich sogar fast umarmt. Hat sie aber nicht – uff, zum Glück – ich umarme doch keine Mädchen (Mama zählt nicht)! Unsere neue Klassenlehrerin ist Frau Kandetzki. Darüber habe ich mich sehr gefreut. Denn auch, wenn Frau Eichhorn vielleicht einen Grund hatte so doll mit Emilia zu schimpfen, ganz weg hab ich das mulmige Gefühl nicht bekommen. Unser neues Klassenzimmer ist auch genial. Stell dir vor, es ist im Neubau! Unser Schulhaus hat einen Alt- und einen Neubau. In der 1. und 2. Klasse war ich im Altbau.

Der Neubau ist viel schicker, er hat total große Fenster vor denen bei Sonnenschein sogar eine Markise vorgefahren wird. Vollautomatisch!!!

Nun liegt ein neues Schuljahr vor mir. Und ich überlege mir, was sich alles verändert hat im letzten Jahr. Und das ist ganz schön viel, wie du dir vielleicht denken kannst! Ich habe erkannt, dass ich Superkräfte habe. Na, wenn das nichts Besonderes ist, weiß ich auch nicht! Aber es fühlt sich richtig gut an. Immer, wenn ich nun das Gefühl habe „anders" zu sein, als die anderen, dann kann ich innerlich (natürlich nur innerlich) die Nase in die Höhe strecken und mir dabei stolz denken: Klar bin ich anders – ich habe meine eigenen Superkräfte.

Was mir noch ein wenig Schwierigkeiten bereitet ist die Tatsache, dass ich diese Kräfte manchmal nicht richtig einsetzen kann. Dass sie mich zum Teil eher belasten, weil sie mich nicht schlafen lassen, traurig oder ängstlich machen. Doch auch hier habe ich nun einige Tricks gelernt. Bevor mich das Gefühlschaos übermannt, tue ich etwas Sinnvolles: Ich sortiere die Gefühle ganz ordentlich in Schubladen. Das hilft, glaub mir, denn dann ist es nicht mehr so erschreckend chaotisch in meinem Bauch und in meinem Kopf.

Außerdem hat mir Papa seinen Trick mit der Kuscheltierarmee verraten. Natürlich habe ich die nicht mehr abgebaut. Die kann ruhig noch ein paar Nächte bleiben. Schuhkartons haben wir leider nicht sehr viele im Haus. Doch Mama hat heute den gefüllten mit zur Arbeit genommen. Dort gibt es einen großen Müllcontainer, sagt sie, und dort kippt sie die Sorgen aus der Nacht hinein. Dann kann ich ihn nochmal nehmen. Ich möchte ja auch die Umwelt schonen. Obwohl Mama heute früh lachend zu Papa sagte, dass sie absolut kein Problem damit hätte, sich nun jeden Tag neue Schuhe zu kaufen, damit ich immer nen frischen Sorgenkarton bekomme. Papa schüttelte nur grinsend den Kopf. Ich hab keine Ahnung, was sie damit meinte.

Das ist doch schon mal ne ganze Menge, die ich da gelernt habe, findest du nicht? Der Teil der Superkräfte, den ich eher als Last empfinde, mit dem kann ich nun besser umgehen. Dank Schubladen, Plüschtieren und Schuhkartons. Doch da gibt es nun auch Facetten der Superkraft, die mir sogar weiterhelfen. Dadurch, dass ich sie nun einsetze, statt sie zu unterdrücken kann ich bei anderen Menschen supermegaschnell merken, wie sie sich fühlen, wie ihre Laune ist. Wieso das gut ist, fragst du dich sicher? Nunja, ganz einfach: Es fällt mir leichter zu erkennen, wie die Leute wirklich sind. Dass Pit zum Beispiel nicht nur ein cooler, beliebter Junge ist, sondern dass auch er Ängste hat. Dadurch, dass er gemerkt hat, dass ich ihn durchschaue (oder eher durch"fühle") sind wir nun richtige Freunde geworden.

Ebenso lief es mit Dana. Ich konnte ihr damit sogar selbst von der Krankheit weg zur Superkraft hin helfen. Und gibt es etwas Tolleres, als zwei beste Freunde?

Ich habe gelernt, dass es für Kinder wie mich, die diese Superkraft haben, viel mehr Abenteuer zu erleben gibt, als für Kinder, die diese Superkraft nicht haben. Denn, wenn andere Kinder tolle große Unternehmungen brauchen, kann für mich schon ein gewöhnlicher Schulweg oder eine andere Alltagssituation total abenteuerlich sein. Das ist natürlich oft super anstrengend, doch wenn ich es dann geschafft habe, dass das Erlebnis – und wenn es auch noch so normal oder langweilig erscheinen mag – von der Gefahr in die Abenteuer-Schublade gesteckt werden kann, dann freu ich mich so riesig und bin so stolz auf mich, wie ein anderes Kind vielleicht wäre, wenn es vom 10-Meter-Sprungbrett im Freibad springen würde. Nur, dass dieses andere Kind dafür ins Freibad muss, während für mich eine gewöhnliche Bäckerei reicht, bei der ich mich zum ersten Mal traute, alleine eine Brezel zu kaufen.

Es klingt vielleicht ein wenig kompliziert. Und das ist klar. Denn es ist ja auch kompliziert. Aber, wenn man das Komplizierte einfach annimmt und nicht unterdrückt, dann ist das auch richtig spannend.

Irgendwie wächst in mir da auch ein ganz neuer Gedanke: Ist es möglich, dass vielleicht sogar jedes Kind eine Superkraft hat? Was meinst du?

Natürlich glaub ich nicht, dass jedes Kind die gleiche Superkraft hat, das wäre ja langweilig, denn dann wäre es ja nichts Besonderes mehr. Doch je weniger ich darauf konzentriert bin über mich selbst und meine „Andersartigkeit" nachzudenken, desto mehr beobachte ich all die anderen und fühle mich in sie hinein, denn das kann ich ja bekanntlich ganz besonders gut. Und irgendwie werde ich das Gefühl nicht los, dass wir alle Helden sind. Jeder auf seine Weise. Selbst der prügelnde Nico. Ich muss ja nicht alle Helden mögen, oder?

Meine Eltern sagen mir immer wieder „Du bist genau der Henry, den wir uns gewünscht haben!".

Es ist das allerschönste Gefühl auf der Welt, das da in meinem Bauch ist, wenn sie das sagen. Und nachdem ich nun erkannt habe, dass ich nicht „unnormal" bin, sondern auf meine Art etwas ganz Besonderes, kann ich es auch annehmen, wenn sie das sagen. Ich glaube ihnen.

Ich freue mich sehr, dass du dich für mich und mein Leben interessierst und ich all meine Erlebnisse durch dieses Buch mit dir teilen konnte. Vielleicht hast ja du dabei auch deine eigene Superkraft erkannt?

Ist es dieselbe, wie meine?

Oder doch eher eine wie die von Dana?
Vielleicht bist du auch ein Super-Schnellrenner?
Ein Super-Mathe-Rechner?
Ein Super-Streit-Schlichter?
Ein Super-Zuhörer?
Ein Super-Fußballer?
Vielleicht doch eher ein Super-Witzemacher?
Ganz egal, was du für dich selbst rausgefunden hast:
Ich bin mir sicher, dass du eines bist: **Ein Super-Kind**!

Nun verabschiede ich mich von dir! Vielleicht treffen wir uns bald wieder? In der dritten Klasse? Du weißt ja, wo du mich findest: Im Neubau, im Klassenzimmer von Frau Kandetzki. Dort sitze ich neben Dana. Du erkennst mich an meinen blitzblauen Augen.

Viele liebe Grüße,

dein Henry! Der mit den Superkräften. ;-)